Axel Hacke

Aua!

Axel Hacke

Aua!

Die Geschichte meines Körpers

Mit Illustrationen
von Nishant Choksi

DUMONT

Von Axel Hacke ist bei DuMont außerdem erschienen:

Über die Heiterkeit in schwierigen Zeiten und die Frage, wie wichtig uns der Ernst des Lebens sein sollte

FSC
www.fsc.org
MIX
Papier | Fördert gute Waldnutzung
FSC® C083411

Das bei der Produktion dieses Buches entstandene CO_2 wurde durch die Finanzierung von Klimaschutzprojekten kompensiert: climate-id.com/17531-2110-1001/de

2. Auflage 2024

Umschlaggestaltung: Lübbeke Naumann Thoben, Köln
Illustrationen: © Nishant Choksi
Satz: Angelika Kudella, Köln
Gesetzt aus der Adobe Garamond Pro
Druck und Verarbeitung: CPI books GmbH, Leck
Gedruckt auf säurefreiem und chlorfrei gebleichtem Papier
Printed in Germany
ISBN 978-3-8321-6809-4

www.dumont-buchverlag.de

Für Ursula

Inhalt

Vorbemerkung

Ich betrachte ein Fotoalbum aus alten Zeiten.

Da liegt ein Baby mit vielen dunklen Haaren auf einem hellen Fell und schaut mit aufmerksam geöffneten Augen den Fotografen an.

Da sitzt ein Kleiner mit langen Locken in einer eisernen Wanne und hält ein Spielzeug in der Hand.

Da läuft ein zweieinhalbjähriges Kind unsicher und nur mit einem Hemdchen bekleidet über einen Rasen. Man sieht seinen *Pillermann*, so wurde in den 50er-Jahren das Geschlechtsteil von Buben genannt, jedenfalls in unserer Familie. Wir deklinieren: der Pillermann, des Pillermanns, dem Pillermann, den Pillermann.

Those were the days, my friend
We thought they'd never end

Der Kleine bin ich.

Der Kleine *war* ich.

Ich bin jetzt 68 Jahre alt. 1,82 Meter groß, vor vierzig

Jahren waren es noch 1,84 Meter. Ich bin geschrumpft, das ist normal, die Bandscheiben werden dünner, wenn man altert. Ich wiege 86 Kilogramm. 84 wären mir lieber, vielleicht schaffe ich es noch, aber ich mache mich nicht verrückt. Der Body-Mass-Index-Rechner der Techniker Krankenkasse spuckt die Zahl 26,0 aus und sagt: »Sie wiegen etwas zu viel.« Ich sollte maximal 82,8 Kilogramm wiegen.

Unmöglich. So wenig habe ich noch nie gewogen. Oder vielleicht als Jugendlicher.

Lange, dunkle Locken habe ich nicht mehr, aber auch keine Glatze. Unten ohne laufe ich schon lange nicht mehr über Rasenflächen, ich bin ja nicht verrückt. Zum Pillermann sagen wir jetzt Penis. Oder Schwanz. Dazu später mehr.

Was ich sagen wollte: Mich fasziniert auf naive Art die Entwicklung meines Körpers, sein Wachsen und Sichausdehnen, dann wieder sein Schrumpfen, seine Kraft und die langsame Schwächung, der stetige Kampf dagegen. Seine Geschichte. Dass ich von einem kleinen Menschen zu einem kraftvollen Kerl werden konnte, nie einem großen Athleten, aber doch zu einem, dem sein Körper nicht in erster Linie Schwierigkeiten machte. Sondern große Freude.

Manche Menschen schreiben irgendwann ihre Memoiren, sie berichten von ihren geistigen Leistungen und ihrem Schaffen. Warum verfasst niemand eine Geschichte seines Körpers, berichtet von den Narben in seiner Haut und den damit verbundenen Ereignissen? Erzählt von den Schmerzen, den ausgefallenen Zähnen, den Beulen und Flecken, von Haarverlust und Knorpelschwund. Aber auch: von den Triumphen seiner Muskeln und den Möglichkeiten seiner Lunge. Vom Alltag seines Herzens. Meinetwegen auch von den Mühen seiner Leber. Und davon, wie sich seelische Lasten in körperliche Probleme verwandeln konnten.

Das Kind auf dem Fell, der Typ hier am Schreibtisch, eines Tages der Leichnam im Sarg – alles ich.

Wissen Sie, was mich beschäftigt?

Ich habe mein ganzes Leben mit diesem Körper verbracht. Ohne ihn ginge es ja nicht. Und dennoch weiß ich erstaunlich wenig über ihn. Fragte mich jemand, wo meine Leber sitzt, ich müsste raten. Hätte ich die Funktion meiner Galle zu erklären, ich könnte es nicht. Sollte ich etwas über den Grund sagen, aus dem meine Finger eines Tages aufgehört haben zu wachsen – ich hätte keinen Schimmer.

Robert Gernhardt schrieb in seinem Gedicht *Das Dunkel*:

Ob im Mann, ob im Weib,
Dunkel herrscht in jedem Leib.

Das wirft ein Licht auf die Tatsache, dass manche von uns mehr über den Weltraum oder neueste Entwicklungen in der Fußballnationalmannschaft wissen als über das Innere des eigenen Körpers.

Wir leben *in* und *mit* etwas zum großen Teil Unbekanntem, und das, obwohl wir von nichts anderem so abhängig sind und manche von uns ihre Körper mit Leidenschaft modellieren, kleiden, tätowieren, ernähren und in manchen Fällen und zu gewissen Zeiten: zeigen.

Während wiederum andere ihre Leiber vernachlässigen, als hätten sie nichts mit ihnen zu tun.

Ist es nicht übrigens das, was uns seinerzeit an Gunther von Hagens' *Körperwelten*-Ausstellung so fasziniert hat: dass man hier von außen das Innere von Körpern sehen konnte? Also in die Menschen hineinblickte, ins Dunkel fremder Leiber?

Genau dieses Unbekannte jedenfalls spiegelt sich in den Erlebnissen des Verfassers, der einerseits nie eine Vorsorgeuntersuchung versäumt, andererseits trotzdem nicht wirklich erklären kann, woher genau seine wiederkehrenden Schmerzen im linken Unterkörper etwa auf der Höhe des Beckenrandes kommen. Irgendwas mit den Muskeln dort, Hüftbeuger heißt die Muskelgruppe, und sie ist stressempfindlich, seltsam. Alle Spezialisten haben versichert, es sei nichts Bedrohliches.

Andererseits: Weiß man's?

Trifft man nicht jeden zweiten Tag jemanden, der vom schlimmen Schicksal eines anderen erzählt, von einem, der es mit irrenden Ärzten zu tun gehabt hatte?

Mein Onkel Wolfgang, der ein einfacher Mann war und dem im frühen Alter nach und nach ein Organ nach dem anderen den Dienst versagte, antwortete jedenfalls auf die Frage, welche Krankheit er eigentlich habe, stets nur: »Das habe ich auch nicht so richtig verstanden.«

Wir wissen viel, wir denken über alles Mögliche nach, über den Körper jedoch oft erst im Notfall. Dabei ist er ungeheuer interessant.

Wir haben es im Folgenden nun mit einem männlichen Körper zu tun, der zweifelsohne seine besten Jahre hinter sich hat. Aber ehrlich gesagt, so sicher bin ich mir da auch wieder nicht. Denn bisweilen habe ich das Gefühl: Wann war es je besser als jetzt, so ausgeruht und reflektiert, nicht mehr getrieben von unnachsichtigen Hormonen, umsichtig auf die physischen Bedürfnisse bedacht und noch ordentlich bei Kräften?

Jedenfalls gibt es, gerade weil dieser Körper nicht mehr der allerjüngste ist, allerhand über ihn zu berichten. Kein besonderer Körper, nebenbei gesagt, *besonders* im Sinne von herausragend schön oder großartig geformt oder andererseits unfassbar dick oder irgendwie durch Krankheit eingeschränkt.

Aber das ist es ja. Das vereint uns alle: Jede und jeder hat einen Körper und muss mit ihm zurechtkommen. Es geht also um das Verhältnis zum eigenen Körper im Lauf des Lebens und das Verhältnis dieses Körpers zur Welt und damit um einige Leib-Seele-Probleme am konkreten Beispiel. Dies übrigens in Zeiten, in denen der Mensch sich dem Körper bisweilen mit religiös anmutender Hingabe widmet, vom Essen bis zum einer Pilgerfahrt ähnelnden Wellness-Wochenende. In denen der Körper manchmal ein Statussymbol ist.

Es geht um die Zeit, die sich in unseren Körpern abbildet, die vergehende Zeit des Lebens *und* die Zeit, in der wir leben. Davon hat jede und jeder von uns seine Geschichten zu erzählen, gute und schlimme. Ich erinnere mich, es als Kind ganz normal gefunden zu haben, dass erwachsenen Männern Arme fehlten oder Beine oder dass sie blind waren. Wir waren umgeben von Versehrten, mein Vater gehörte zu ihnen. Es war die Zeit des Krieges, die sie verstümmelt hatte.

Man könnte auch sagen: Hier versucht jemand, die Welt und sich selbst anhand des eigenen Körpers zu verstehen, denn es gibt letztlich kaum ein persönliches Erlebnis, das sich nicht irgendwie dem Körper eingeschrieben hat, Narben, Falten, Flecke, Schründe, Macken, Brüche.

Nur muss man eben auch bedenken: Wenn wir uns

auf eine solche Reise begeben, die unterhaltsam sein soll wie jede schöne Reise, dann berühren wir nicht nur die Grenzen dessen, was wir »intim« oder »persönlich« zu nennen uns angewöhnt haben. Wir überschreiten sie sogar. Oder zucken zurück. Entscheiden uns für ein Geheimnis, das eines bleiben soll. In jedem Fall sollten wir uns darüber klar sein, dass es hier an der einen oder anderen Stelle um jene Gefühle gehen wird, die für Menschen am schwersten auszuhalten und deshalb auch nicht leicht einzugestehen sind: Scham und Angst.

Warum dann überhaupt aufbrechen?

Vielleicht aus dem ältesten aller Gründe für Aufbrüche überhaupt?

Aus Neugier?

Also: Es gibt Risiken, es mag Nebenwirkungen geben. Aber wen könnte man deshalb fragen? Vermutlich diesmal keinen Arzt und keine Apothekerin.

Aber sich selbst, oder?

Scham und Angst. Dazu wäre zu sagen, dass ich versuche, meine Angst immer erst zu prüfen, bevor ich entscheide, ihr nachzugeben oder nicht. Ist mir die Angst nützlich? Oder steht sie meinem Leben nur im Weg? Und was die Scham angeht: Ich habe in den Jahrzehnten, in denen ich schreibe, immer mehr das Gefühl bekommen, dass uns die Scham sehr oft nutzlos in die

Quere kommt, weil man sich nämlich aus manchem Alleinsein nur retten kann, wenn man begreift, dass andere sich für die gleichen Dinge schämen und mit denselben Gefühlen allein sind. Und dass man dies nur überwinden kann, wenn man sich mitteilt. Vielleicht sind Bücher auch in meinem Leben als Autor und als Leser immer eine Rettung vor der Einsamkeit gewesen.

Also – das Thema kann uns weit tragen, wird aber immer zu dem einen Körper und seiner Geschichte zurückführen, zum Rührenden und zum Großartigen an ihm und damit an allen Körpern, zum Banalen und Geheimnisvollen, Lustigen und Fürchterlichen, Schönen und Abstoßenden, Peinlichen, Entblößten und Verhüllten, all das eben am Beispiel der Geschichte meines Körpers, jener einzigen und letzten Bastion, die mich vom Tode trennt.

Was wäre ich ohne ihn?

Andererseits: Was wäre er ohne mich?

Haut

Ich betrachte die Haut meiner Hände. Sie sitzt nicht mehr so straff wie früher, auch sehe ich Flecken. *Ist nichts Schlimmes,* sagt der Hautprofessor zu mir. Wenn ich ihn frage, ob das Hautkrebs sei: *Kann ich Ihnen wegmachen.* Aber das *Wegmachen* verschieben wir auf den Herbst. Komischerweise gehe ich zum jährlichen Routinebesuch immer im Frühjahr. Bis zum Herbst habe ich mich mit den Flecken abgefunden. So bleibt meine Handhaut fleckig wie ein Tarnanzug.

Der Hautprofessor ist seit Jahrzehnten mein Stamm-Dermatologe. Ich schätze ihn über die Maßen, er redet nicht lange herum, weiß immer alles und sofort. Manchmal beantwortet er Fragen, bevor ich sie gestellt habe.

Sie haben eine gute Haut, sagt der Hochgeschwindigkeits-Hautarzt, und das macht mich stolz. So hoffe ich, dass *meine gute Haut* in Zusammenarbeit mit dem Arzt mich vor allem Malignen bewahren wird.

Ich habe auch eine Haut, die leicht braun wird. Ein Tag in der Sonne und ich sehe aus wie andere Leute nach drei Wochen im Süden.

Vielleicht sollte ich erwähnen, dass ich zu wenig Sonnencreme benutze. Der Arzt sagt, ich müsse mir, was die malignen Scheußlichkeiten angehe, *wahrscheinlich nie Sorgen machen*. Bei seinem Zusatz, *wenn Sie eine 50er-Creme benutzen,* bin ich gedanklich schon an der frischen Luft.

Wenn ich also mit meiner Frau am Meer bin oder an einem See, salbe ich mit Hingabe ihren Rücken. Das ist übrigens etwas, das ich im Leben erst lernen musste: mich mit Hingabe einem anderen Körper zu widmen, also vom eigenen Körper abzusehen und mich auf einen anderen Körper zu konzentrieren, den meiner Frau, wie gesagt.

Aber ich war ein guter Schüler. Ich befolgte alle Anweisungen, *mehr auf die Schultern*, heißt es ja immer. Ich lernte, keine Anweisungen mehr zu benötigen, und schließlich lernte ich, von mir selbst zu lernen, meinem eigenen Gefühl.

Aber bevor ich die Sonnencreme selbst benutzen könnte, habe ich schon was anderes zu tun. Sonnencreme langweilt mich, was meine eigene Haut angeht.

Warum?

Als Kinder wurden wir mütterlicherseits gemahnt,

uns einzucremen. (Jedoch keineswegs so dringlich, wie Mütter das heute tun.) Wir taten es nie. Ein Sonnenbrand galt nicht als Todesbote, man hielt ihn für unvermeidlich. Ohne Sonnenbrand wirst du nicht braun, wurde gesagt. Fuhren wir an die Nordsee, galt entzündete Epidermis als unerlässliches Durchgangsstadium auf dem Weg zu Erholung und Bräune, was für identisch gehalten wurde. Wir wälzten uns nachts voller Schmerzen, die Haut ließ sich in Streifen vom Körper ziehen, rohes Fleisch wurde sichtbar. Das hörte nach Tagen auf.

Wenn wir uns eincremten, dann in der Regel erst, wenn wir einen Sonnenbrand hatten. Einmal las ich, die Haut merke sich jeden Sonnenbrand jahrzehntelang, und manchmal entstehe Hautkrebs als Folge solcher Schäden erst viel später. Das hat mich fürchterlich erschreckt. Aber nur kurz. Ich kann es eh nicht mehr ändern.

Ist die Haut nicht unser größtes Organ? Ja! Ich sollte sie besser behandeln.

Vielleicht muss ich erwähnen, dass ich Sonnenbaden hasse. Wenn andere sich im Schein der Strahlen aalen, eingehüllt in *Ambre Solaire, Nivea, Tiroler Nussöl, Eucerin, Cetaphil* und wie sie alle heißen, sitze ich mit Hemd im Schatten, mag die Hitze nicht und auch nicht das Herumliegen in einer sülzigen Panade aus Creme,

Öl, Schweiß, Sand und Salz. Der Schatten ist mein Revier. Nasensonnenbrand habe ich trotzdem in jedem Frühsommer.

In den Niederlanden gibt es in vielen Gemeinden Gratis-Sonnenmilchspender, *zonnebrandcrème,* wie der Niederländer sagt, *tegen de schadelijke gevolgen van de uv-straling.* Auch bei der Fußballeuropameisterschaft 2024 standen Spender mit kostenloser Sonnenmilch in vielen deutschen Städten. Geht das weiter, werden bald unsere Offiziellen, die sich einst zu Beginn der Pandemie 2020 im Video langwierig ihre Hände wuschen, gefilmt, wie sie sich sorgfältig mit Sonnenmilch eincremen.

Jedenfalls ist es interessant, wie aus *Vater* im Verlauf meines Lebens *Mutter Staat* wurde, nicht wahr? Überall dieses um unsere Körper Besorgte. Kaum hat der April begonnen, warnt man uns vor den Gefahren des Sommers. Es scheint nichts mehr zu geben, das ungefährlich wäre, auch beim Licht sehen wir vor allem den Schatten. Juli und August sind voller Schrecken. Dann naht der triste Winter, ohne Sonne. Noch schlimmer als Sonne ist ja nur die Abwesenheit von Sonne.

Manchmal denke ich, was aus meiner Sonnenmilch-Aversion geworden wäre, hätte meine Mutter vor jedem Strandbesuch gerufen: *Sonnenmilch gibt's nicht! Wehe, du cremst dich ein!* Wahrscheinlich würde ich mich heute einölen wie eine Dosensardine. Man entkommt seiner Kindheit nicht. Für meine Haut wäre es am besten, wenn an jeder Ecke staatliche Schilder vor Sonnenschutz warnten. Aber das kann man nicht verlangen.

Ich betrachte mich im Spiegel.

Da sind Falten, natürlich, sie stören mich nicht, von einigen am Hals mal abgesehen. Wissen Sie, was ich toll fände? Wenn ab und zu mal das Gesicht des jungen Mannes, der ich war, neben mir im Spiegel erschiene. Nur zum Vergleich. Es würde mich nicht traurig machen. Ich hadere nicht mit dem Älterwerden, wozu denn? Bedenke ich die Alternative, bin ich sogar froh.

Da sind auch Narben.

Die Naht rechts oben an der Stirn, die von einem Unfall herrührt, als ich vier Jahre alt war. Ein Motorroller hatte mich angefahren und die Haut aufgerissen.

In der Nähe des rechten Handgelenks ein schmaler Strich, der aussieht wie die Folge eines fehlgeschlagenen Suizidversuchs. Wir verbrachten als 17-, 18-, 19-Jährige ein Wochenende im Landhaus der Eltern eines Kameraden und waren dorthin unter anderem mit einem VW-Käfer gefahren. Am Nachmittag rasten wir mit dem Wagen durch den Wald, es gab Leute, die vorne auf der Kofferraumhaube saßen, ich stand auf der hinteren Stoßstange. Es war Wahnsinn, aber wir bejubelten unsere

Freiheit. Der Fahrer war betrunken und ohnehin etwas irre, er donnerte im Rausch über die schmalen Waldwege. Ich konnte mich an einer Bodenwelle nicht mehr festhalten, rutschte langsam vom fahrenden Wagen ab und riss mir am Metall die Haut auf, gefährlich nahe an der Schlagader.

Über der Nase die Spur einer – wie soll ich sagen? Friedensverletzung? (Ich habe als Soldat keinen Krieg erlebt, also habe ich auch keine Kriegsverletzung.) Ich hatte mir jedenfalls als Richtschütze tief unten in einem Bundeswehrpanzer während eines Manövers im Gelände am Zielfernrohr den Schädel aufgeschlagen.

Am Ringfinger rechts ein Strich, auch aus Bundeswehrzeiten. Damals wollte ich eine Dose, in der sich ein Gasmaskenfilter befand, mit der Hand aufbiegen, als der Dosenöffner abgerissen war. Es blutete höllisch, ein Arzt musste ran.

Ich erinnere mich, dass an einer Wunde einmal überschießendes Gewebe entstanden war, eine dunkelrote Wucherung, die dann wieder verschwand. *Wildes Fleisch* nannte der Arzt das, ein Ausdruck, den ich nie mehr vergessen habe, weil er wie der Titel eines Pornos klingt.

Heiße Körper, wildes Fleisch.

Die Haut sei der *Reisesack des Lebens*, hat Robert Musil im *Mann ohne Eigenschaften* geschrieben, als er einen Mann auf dem Totenbett beschrieb. Ja, nun: Sack? Das klingt, als wären wir hineingefüllt in diese Haut wie Kohlen oder Mehl. Aber das stimmt nicht, wir sitzen bestens strukturiert in unseren Häuten.

Manchmal stelle ich mir vor, meine Haut wäre mir zu groß wie ein Pullover Größe 56. Ich würde sie nicht ausfüllen und müsste sie zurechtzupfen.

Ich habe eine gute, schon etwas ältere *weiße* Haut. Vor mehr als sechzig Jahren wäre nie jemand auf die Idee gekommen, diese Tatsache als eine zu betrachten, die mir im Leben Privilegien verschafft hätte. Heute ist das anders. Es ist noch dazu eine Männerhaut. Ich halte nichts davon, beleidigt zu sein, wenn man mich als alten weißen Mann bezeichnet. Es stimmt ja (wobei, na ja, alt …), auch wenn sich die Leute mal eine weniger abgegriffene Formulierung überlegen könnten. Hätte ich mein Leben mit einer dunklen Frauenhaut verbracht, wäre alles schwieriger gewesen. Aber dann wäre es auch nicht mein Leben gewesen.

Was soll ich machen? Ich versuche, mich als meiner Haut halbwegs würdig zu erweisen.

Haut ist (und war immer) von kaum zu überschätzender Relevanz für unser Leben. Sie wird gelesen und interpretiert, mit neuen Bedeutungen versehen. Ihre Farbe ist seltsamerweise wichtig, obwohl wir lernen sollten, sie als unwichtig zu sehen. Blässe galt im 19. Jahrhundert als Zeichen derer, die sich der Mühsal körperlicher

Arbeit nicht unterziehen mussten, später wiederum als etwas Ungesundes. Man schminkt sich und definiert die eigene Person über Tattoos. Ist Haut ein Text, der gelesen wird? Oder ist sie ein Bild, das jeder von sich selbst entwirft oder das die Natur von ihm entworfen hat? Und ist sie gerade deshalb in unserem Zeitalter der Bilder von größter Bedeutung?

Auf Youtube sah ich einen kleinen Film mit dem Moderator Ralph Caspers zum Thema *Quantenphysik: Wo endet mein Körper?* Anders gesagt: *Wo genau ist die Grenze zwischen mir und allem anderen?*

Interessanterweise ist die Frage nicht leicht zu beantworten.

Rückt man der Haut auf die Pelle, unserer Grenze zur Welt, sieht man, dass sie mit ihrer äußersten Schicht endet, der Hornschicht, *und zwar* bei deren äußersten Zellen, *und zwar* bei den Aminosäuren, aus denen diese Zellen bestehen, *und zwar* bei den Molekülen, aus denen wiederum diese Aminosäuren bestehen, *und zwar* bei den Ketten von Kohlenstoffatomen, aus denen wiederum die Moleküle bestehen.

Es sei offensichtlich, sagt Caspers: Ich höre da auf, wo das letzte Atom meiner äußeren Hautschicht ist.

Nun ist es aber so, dass Atome aus einem winzigen Kern bestehen, der von punktförmigen Elektronen umkreist wird. Sie sind so klein, dass sie kein Volumen haben, keine Größe. Diese Elektronen haben keine festen Umlaufbahnen. Sie schwirren sozusagen in unscharfen Wolken herum. Man kann nie sagen, wo *ganz, ganz, ganz genau* gerade unser Körper aufhört, weil man niemals *ganz, ganz, ganz genau* zu bestimmen vermag, wo gerade das äußerste Elektron ist.

Die Körpergrenze ist unscharf, nimmt man es *ganz, ganz, ganz genau*.

Ich liebe diesen Gedanken. Wenn wir an unser Äußerstes gehen, verschwimmen wir ein *ganz klein wenig* mit dem Universum, so wie die Grenzen unseres Globus, vom Weltall aus betrachtet, auch ein *ganz klein wenig* unscharf sind. Und ich liebe auch den Gedanken, dass, wenn ich mit den Fingern und ihren Spitzen, mit den Händen und ihren Flächen über die Haut meiner Frau streiche, dass dann also Hunderttausende unserer äußersten Elektronen sich berühren, voneinander abprallen, sich wieder aufeinander zubewegen, *ping pong pang ging gong gang bing bong bang,* sich vertauschen, austauschen, ineinander verhaken und wie unsere Körper dann in quantenphysischem Taumeln versinken.

Auf der Haut, die jeden von uns einhüllt, leben mehr Bakterien, als es Menschen auf der Welt gibt. »Sie sind eine Wolke aus Lebewesen, ein wandelndes Ökosystem«, schreibt Jörg Blech an die Leserinnen und Leser seines Buchs *Leben auf dem Menschen* gerichtet. »In Ihrem Körper gibt es 100 Billionen Zellen. Rund 90 Prozent von ihnen sind aber nicht menschlichen Ursprungs, sondern gehören zu jenen Kreaturen, denen die Evolution den Menschen zugewiesen hat: als Nahrungsquelle und Schlafplatz, als Hochzeitsmarkt und Futterstelle, als Raststätte und Kreißsaal.«

Ein Beispiel: Auf unser aller Häuten leben zwei winzige Arten von Spinnentieren, *Demodex folliculorum* und *Demodex brevis*, wobei *Demodex* Schmalzbohrwurm bedeutet, weil man diese Wesen zum ersten Mal im Ohrkanal entdeckte. Es handelt sich um in der Regel harmlose Haarbalgmilben, die sich vom Sekret unserer Talgdrüsen ernähren.

Spinnenphobikerinnen und Spinnenphobiker, seid ihr noch da?

Sie sind fast durchsichtig. Männchen erreichen durchschnittlich eine Länge von 280 Mikrometern. Bei Babys sind sie noch nicht vorhanden, bei Erwachsenen über siebzig zu hundert Prozent. Ich persönlich nähere mich der Vollbesiedelung durch *Demodex*. Die Tiere leben hauptsächlich im Gesicht, manchmal auch auf Knien, Brüsten, Zungen und Vorhäuten, wobei drei oder mehr Tiere einen Haarfollikel bewohnen. Ihre Köpfe stecken dabei in der Haut, ihre Hintern schauen an die frische Luft, und manchmal tauchen sie ganz ab.

Wir sind schon lustig. Und eklig, in vielerlei Hinsicht.

Teilweise. Teilweise aber auch nicht. Wir sind alles Mögliche.

Aber da ist dieses Wolkenhafte, Unscharfe, nur oberflächlich betrachtet exakt Begrenzte unserer Existenz.

Vor etlichen Jahren stellte der New Yorker Literaturagent John Brockman einmal führenden Wissenschaftlern und Denkern die Frage: *Zu welchem Thema haben Sie Ihre Meinung geändert und warum?*

Der dänische Wissenschaftsautor Tor Nørretranders antwortete, er habe früher gedacht, der Körper sei eine Art *Hardware*, auf der sich sozusagen die *Software* abspiele, unser Geist also. Heute denke er anders. Unser Körper sei selbst die *Software*.

Es handele sich bei ihm nämlich keineswegs um etwas Stabiles wie einen Tisch oder einen Stuhl. Er gleiche vielmehr einem Fluss. 98 Prozent der Atome, aus denen unser Körper besteht, werden jedes Jahr ersetzt. Wassermoleküle bleiben maximal zwei Wochen, jene in den Knochen einige Monate. »Aber fast kein einziges Atom harrt in Ihrem Körper von der Geburt bis zum Tod aus«, lese ich in Nørretranders' Antwort, die in Deutschland der *Tagesspiegel* 2008 veröffentlichte.

Und weiter: »Das, was konstant an Ihnen ist, ist nicht materiell. Ein Mensch verleibt sich jedes Jahr durchschnittlich 1,5 Tonnen Materie ein, in Form von Essen, Trinken und Sauerstoff. Diese Materie begreift, was es heißt, Sie zu sein. Jedes Jahr wieder. Neue Atome müssen lernen, sich an Ihre Kindheit zu erinnern.« Als diese Erkenntnis zum ersten Mal auftauchte, sagte der Physiker Richard Feynman: »Die Kartoffeln von letzter Woche! Sie können sich jetzt daran erinnern, was in Ihrem Kopf vor einem Jahr vor sich ging.«

Wir reden also von ständiger Wiedergeburt. Das hat natürlich *nicht nur* mit unserer Haut zu tun, *aber auch,* weil es hier eben um unsere Grenze einerseits und die ständige Verbindung mit unserer Umwelt geht – aber noch einmal ganz anders.

Nørretranders vergleicht das mit der Musik seiner Teenagerzeit, sie war anfangs auf Vinylplatten zu finden, dann auf Kassetten, schließlich auf CDs und heute im Internet. So ist das mit meinem wiederkehrenden Appetit auf Bratwurst: Er lagert heute auf anderen Atomen als in meiner Kindheit. Aber er bleibt da, solange es Atome gibt.

Ist das nicht irre? Dass wir unseren Körper als etwas Festes, materiell stabil Konstituiertes verstehen, dass er aber in Wahrheit eine Transitstation für Atome ist?

Und das ist nicht alles.

Denn die sieben Milliarden Atome, aus denen mein Körper besteht (wenn ich mich nicht verzählt habe), entstammen möglicherweise einer fernen Galaxie, die vor Milliarden von Jahren explodierte und ihre Materie ins

Weltall schleuderte, wo sie dann vom wachsenden Planeten Erde angezogen und ihm einverleibt wurde. Alles, was wir sind, Wasser-, Sauer- und Kohlenstoff, Magnesium, Eisen, Silizium und so weiter, kommt aus dem interstellaren Raum.

Es ist kosmische Materie. Wir sind kosmische Materie. Ich bin es.

Und ich werde es wieder sein.

Vielleicht habe ich gestern ein Atom verzehrt, das sich schon mal in meiner Urgroßmutter befand, und eines Tages werde ich als Nebel einen meiner Urenkel umgeben. Vielleicht werden Teile von mir, die einmal in Jesus' oder auch in Charlie Chaplins Gehirn ihren Aufgaben nachkamen, schon nächstes Jahr als Blume in meinem Garten wachsen. Und ziemlich sicher befinden sich im Körper meiner Frau Atome, die einmal in mir zu Hause waren.

Klingt esoterisch. Ist aber Wissenschaft.

Wie sang Frank Sinatra?

I've got you under my skin
I've got you deep in the heart of me
So deep in my heart that you're really a part of me

So ist das, genau so.

Gedächtnis

Wir saßen abends auf der Terrasse eines alten Freundes, sieben oder acht Leute. Das Gespräch kam auf Georg Trakl. Jemand zitierte aus einem Gedicht von ihm, *Helian* heißt es:

Abends auf der Terrasse betranken wir uns mit
braunem Wein.
Rötlich glüht der Pfirsich im Laub;
Sanfte Sonate, frohes Lachen.

Brauner Wein – was das solle, fragte jemand, ein Wein sei nicht braun, und wenn er doch braun aussehe, könne man ihn nicht mehr trinken, weil er überaltert sei. Es heiße bei Trakl sicher *goldener Wein* oder *purpurner Wein*.

Nein, es heiße *brauner Wein*, warum auch immer, insistierte der Gedichtaufsager, wahrscheinlich sei ein alter

Madeira oder Sherry gemeint. Oder gebe es in Österreich nicht sogar eine ältere Rebsorte namens *Brauner Veltliner*, die Trakl sicher gekannt und genossen habe?

Dies war der Moment, in dem der Gastgeber sein iPad holte. Er gab bei Google die Worte *mit braunem Wein* ein, sogleich erschien das Gedicht von Trakl auf dem Schirm:

… betranken wir uns mit braunem Wein.

Jemand behauptete jetzt, *braun* sei einfach eines der Lieblingswörter Trakls gewesen, der Wein sei braun, weil Trakl das Wort *braun* so gemocht habe, und überhaupt sei der Herbst die Jahreszeit, die man am ehesten mit Trakl verbinde. Er sei ein Herbstpoet, übrigens im November gestorben.

Unser Freund tippte *Trakl* und *braun*, und es traklte wirklich gleich heftig, 6530 Ergebnisse, zum Beispiel:

O wie sie die braune Stille stören,
In der ein Acker sich verzückt.

Oder:

Brauner Mädchen rauhe Lieder
Sind verweht im Blätterfall.

Bitte, das ist eines meiner Lieblingsgedichte, sprechen Sie laut mit!

Sonne, herbstlich dünn und zag,
Und das Obst fällt von den Bäumen.
Stille wohnt in blauen Räumen
Einen langen Nachmittag.

Blaue Räume? Ja, ja, diesmal ja! Blaue, nicht braune Räume.

Wie wäre so ein Gespräch früher verlaufen, ohne iPad? Jemand hätte nach einem Trakl-Buch gerufen, der Freund hätte keines im Regal gehabt, er hätte mehr Wein geholt (den hat er immer), die Unterhaltung wäre in Mutmaßungen versandet.

Das Internet ist aber ein tragbares, ausgelagertes Gedächtnis, erreichbar mit ebenfalls außerhalb des Körpers befindlichen, diesen Körper quasi erweiternden Gegenständen. Das Handy, der wichtigste dieser Gegenstände, ist nichts anderes als ein neuer Körperteil, einer, den meine Eltern noch nicht hatten. Verlieren wir ihn, sind wir hilflos, als hätte man uns einen Teil des Gehirns amputiert. (Na ja, so schlimm ist es nicht, ein Smartphone ist ersetzbar, Gehirnzellen kaum.)

Unser Körper hat heute Teile, die man irgendwo vergessen kann. Das Handy eben. Man stelle sich vor, einer würde sagen: Mein linker großer Zeh ist weg, ich muss ihn gestern im Laufschuh gelassen haben.

Und wir sind mit diesem Teil an eine größere Physis angeschlossen, eine Art Globalgedächtnis. Ein Menschheitstraum ging in Erfüllung. H. G. Wells, der Schriftsteller, stellte sich in den Dreißigerjahren ein *Weltgehirn* vor, mit dem die gesamte menschliche Erinnerung jedem Einzelnen zugänglich gemacht werden könnte.

Heute kann man jederzeit und überall fast alles wissen.

Vielleicht weil es das Weltgedächtnis gibt, werden wir selbst immer vergesslicher. Kaum irgendwas können wir noch dauerhaft an jener Stelle unseres Gehirns bunkern, die wir *Gedächtnis* nennen. Oder ist es anders? Ist das Weltwissen einfach zu umfangreich für unsere kleinen Hirne geworden, sodass wir zwingend außerkörperliche Gerätschaften für den Zugriff darauf benötigen? Ist unsere Erinnerung gar nicht schlechter, sondern wir empfinden sie nur so?

Viren, die einen noch vor Kurzem täglich ängstigten, sind vergessen und ersetzt durch andere Viren und deren kaum zählbare Varianten. Menschen, die uns Abend für Abend aus dem Fernsehen entgegenlachten, sind plötzlich in der Welt verschwunden. Weiß jemand genau, was vor Jahren bei der Revolution in Tunesien geschah? Unser Leben ist ein Surfen auf Katastrophenwellen. Haben wir eine überstanden, baut sich die nächste auf, keine Zeit mehr, sich mit der letzten zu beschäftigen.

Gnädiges Vergessen.

Wir leben in der Gegenwart, im Daueralarm, eine Menschheit am Rande des Nervenzusammenbruchs. Das schränkt natürlich die Merkfähigkeit ein. Es überfordert den Körper.

Ich las ein Interview mit dem Oxford-Professor Viktor Mayer-Schönberger, der ein Buch über die Tugend des Vergessens geschrieben hat, *Delete* heißt es. Mayer-Schönberger sagte, es gebe Menschen, die nichts vergessen könnten, noch die Bestandteile eines Frühstücks vor zwanzig Jahren seien den Leuten *en detail* gegenwärtig. Diese Menschen seien unzufrieden, das Leben falle ihnen schwer, insbesondere könnten sie ihre täglichen Entscheidungen nur mühsam treffen, weil ihnen jede Fehlentscheidung der Vergangenheit präsent sei und sie neue Fehler dieser Art fürchteten.

Na, *mein* Problem ist das nicht.

Mein Problem ist: Ich habe eine Lesung im Theater. Ich signiere, wie immer, schon in der Pause Bücher, viele Leute strömen an mir vorbei.

Plötzlich klopft mir einer auf die Schulter.

Ein alter, *wirklich alter* guter Bekannter, den ich aber lange nicht gesehen habe. Er ist überraschend gekommen. *Für mich* überraschend.

Sehen wir uns nachher noch?, fragt er. Es wäre schön, wenn du auch mein Buch signierst. Er hält es in der Hand.

Na klar!, rufe ich. Bis nachher.

In meinem Kopf befindet sich zu diesem Zeitpunkt nichts mehr außer einer einzigen drängenden Frage.

Wie heißt der Mann?

Ich habe nicht die leiseste Idee.

Aber er möchte ein Buch signiert haben! Es gibt durchaus Menschen, zu denen man sagen kann: Du, entschuldige, der Trubel hier, ich habe deinen Namen nicht parat. Er gehört definitiv nicht dazu. Dazu waren wir zu eng. Sind es noch. Es wäre eine Katastrophe.

Ich gehe nicht direkt auf die Bühne, sondern renne in meine Garderobe, um R., einem Freund, der uns beide kennt, eine SMS zu schreiben: Den Namen, bitte, Freund R., den Namen!

Dann sitze ich wieder auf der Bühne und lese und erzähle. Es gibt aber eine zweite Ebene im Gehirn, auf der man – wie in einer Parallelwelt – über etwas anderes nachdenken kann. Dort fahnde ich nach dem Namen meines Bekannten.

Schluss der Veranstaltung, Beifall, Verbeugen, Zugabe, Beifall, Verbeugen und so weiter. Dann ab. Ich renne in die Garderobe. Keine Antwort von R. Ich beginne, mein Kontaktverzeichnis durchzugehen. A, B, C, D …

Bei L werde ich fündig, nicht weil der Bekannte draußen L. hieße, sondern weil dort der Name eines Mannes steht, dessen Nachname mit L beginnt, dessen Vorname aber Wilhelm lautet.

Wilhelm heißt auch der da draußen vor der Tür. Bloß beginnt sein Nachname mit Z. Ich hätte hinten anfangen müssen.

Ich haste ins Theaterfoyer. Da steht er in seiner ganzen Wilhelmhaftigkeit.

Wilhelm!, rufe ich. Wie schön, dich zu sehen. Ich schreibe ins Buch: *Für Wilhelm, meinen alten Freund.* Ich rufe: Ein Bier bitte für Wilhelm! Eine Runde von Bekannten schart sich um uns. Darf ich euch Wilhelm vorstellen?, sage ich. Ein alter Lebensbegleiter, Wilhelm heißt er, sagte ich das schon? Wir stehen zusammen und trinken. Mach's gut, Wilhelm, sage ich. Aus dem Taxi texte ich: Danke für den Besuch, Wilhelm!

Dann kommt eine SMS von R. Er schreibt: Unser Freund heißt Stefan.

Mein Herz bleibt stehen. Tod im Taxi. In meinem Nachruf wird stehen: Er starb, weil er Stefan für Wilhelm hielt.

Aber, bitte, heißt er nicht Wilhelm? Ich war mir sicher.

Nein, Stefan.

Ich bin in Hamburg. Stefan wohnt doch in Köln.

Ach so, Wilhelm aus Hamburg, du hast recht. Ja, ja. Entschuldige.

Ist Ihnen nicht gut?, fragt der Taxifahrer.

Doch, murmele ich leise, mir ist gut.

Vor jeder Lesung gehe ich seitdem mein Adressbuch durch, ob ein Bekannter in der Gegend wohnt.

Und hier noch diese Geschichte.

Ich stehe irgendwo in der Stadt – bei einem Empfang oder einfach so auf der Straße oder eben auf einer Freundesterrasse – vor einem wiederum *unerwartet* anwesenden alten Bekannten, erkenne sein Gesicht, mochte ihn immer, ein unterhaltsamer, freundlicher, gebildeter, warmherziger Kerl, ich weiß einiges über ihn.

Bloß seinen Namen nicht.

Das kann zum Verzweifeln sein. Ich fühle mich der Demenz nahe, habe Angst. Das erhöht den Stress, das Gehirn blockiert. Tröstlich ist: Es geht allen so oder den meisten oder jedenfalls denen über sechzig. Es ist nicht so, rede ich mir ein, dass ich blöde würde. Ich kenne nur mit zugenommenem Alter zu viele Leute. Der Namensspeicher im Gehirn ist überfüllt.

Meine These ist: Je herzlicher einer dich bei solchen Anlässen begrüßt, je öfter er dich jubelnd *Mein Liiiiiieber!* nennt, je klammernder und länger andauernd seine Umarmung ist – desto weniger weiß er, wer du bist. Auf welchen Namen du, um Gottes willen, noch mal getauft wurdest.

Es beginnt ein Ratespiel.

Man muss in so verzweifelten Lagen versuchen, unauffällig herauszubekommen, wer einem gegenübersteht. Muss ihn zur Preisgabe seines Namens verleiten. Oder einen in der Runde dazu bewegen, den bekannten Unbekannten beim Namen zu nennen. Oder ihn wenigstens (in meiner Branche) dazu bringen, den Titel seines letzten Romans oder Films zu nennen, überhaupt was zu seiner beruflichen Tätigkeit zu sagen, sodass man eine SMS des Babysitters oder der uralten, allein lebenden Mutter vortäuschen kann, eine Atempause, während derer man den Namen des Gegenübers im außerkörperlichen Gedächtnis nachschlagen könnte.

Schlimm wird es, wenn eine dritte Person hinzutritt und man den Gesprächspartner, von dessen Identität man momentan nicht mal eine grobe Ahnung hat, vorstellen müsste.

Mir passierte es, dass ein Kollege mit einer ihn begleitenden Frau vor mir stand und er in abgrundtiefer Verzweiflung sagte: Ihr stellt euch selbst vor, nicht wahr? Leider war er schwerhörig, sodass er am Ende unserer Präsentation zu mir sagen musste: Hast du deinen Namen schon genannt? Aufmerksam reckte er sein linkes Ohr …

Die Gespräche, die folgen, sind nicht besser.

Weißt du, ich habe vor drei Wochen ein wunderbares Buch gelesen, einen Roman, er heißt … Na ja, egal, es ist jedenfalls von dem, du weißt schon, dieser Schauspieler, er hatte die Hauptrolle in dem berühmten Stück, dessen Regisseurin, ja, fängt mit O an, der Name, oder vielleicht mit P, na, ist nicht wichtig jetzt, ich wollte was anderes erzählen, jedenfalls, das Stück wird ja gerade überall rauf und runter gespielt. Wie heißt es noch? Egal, interessant ist, dass die besten Romane heutzutage oft von Schauspielern geschrieben werden, nicht von Schriftstellern, dass andererseits aber Schriftsteller selten gute Rollen in Filmen spielen. Ist lange her, dass dieser berühmte Autor, der aber auch Schauspieler war, genau, du kennst ihn, der Name fällt uns nachher sicher ein, jedenfalls, er hatte doch die Titelrolle in der Verfilmung dieses Buches von dem Schweizer, genau, der Nobelpreisträger, nein, nicht der, der dieses Stück über die … die … die … Chemiker geschrieben hat, der hatte den Nobelpreis eben nicht, das war ja sein Problem, nein, den anderen meine ich, egal jetzt … Wobei der, den ich zuerst meinte, der hatte den Nobelpreis auch nie bekommen, fällt mir gerade ein, beide hatten ihn nicht, waren nur dauernd vorgeschlagen, deswegen kommt man immer durcheinander – jedenfalls: Dieser Roman, den ich gelesen habe, der war ganz toll.

Was helfen soll, ist: Gedichte auswendig lernen! Das trainiert das Gedächtnis, und also werde ich es jetzt wieder tun. Jeden Tag eines, vor allem die Lyrik von dem …

Ja, genau, der so oft von der Farbe *Braun* schrieb.

Knochen

Wenn von der Geschichte meiner Knochenbrüche die Rede ist, möchte ich zu Beginn erwähnen, dass ich möglicherweise der einzige Mensch der Welt bin, der sich beim Meditieren eine Rippe gebrochen hat.

Aber der Reihe nach.

Mein erster Knochenbruch? Das war mit vier. Ich lief hinter einem Freund her, der überquerte die Straße, ich auch, aber etwas später, und der Motorroller, dem mein Kamerad gerade noch ausgewichen war, erwischte mich, riss mir, wie erwähnt, die Stirnhaut auf und brach mir den Arm. Nicht der Rede wert. Eine Kindheit ohne Knochenbruch ist Zeitverschwendung, so war es jedenfalls damals. Die Tatsache, dass ich mit vier Jahren ohne Eltern auf den Straßen der Nachbarschaft umherlief, war in jenen Jahren selbstverständlich. Heute würde es als Vernachlässigung der Aufsichtspflicht gelten. Die Kinder wären mit Helmen und Schienbeinschonern bekleidet.

Bemerkenswerter war der Ermüdungsbruch im rechten Wadenbein, als ich etwa vierzig war und mich gerade in einer Phase für meine Verhältnisse exzessiven Laufens befand. Ich lief Halbmarathons, Bestzeit: 1 Stunde 47, auch ein Ganzmarathon schien in Reichweite. Eines Tages trainierte ich in den Bergen, lief zu einer Alm hinauf und wieder hinunter. Solche Läufe dauerten locker zwei Stunden.

Danach schmerzte das rechte Bein unterhalb des Knies. Der Orthopäde diagnostizierte einen Ermüdungsbruch, das ist eine Art von Zermorschung des Knochens, ohne dass er komplett durchgeknackt wäre. Das lange Abwärtslaufen hatte das Wadenbein überfordert. Es war rissig. Man konnte nichts tun, außer Belastung zu vermeiden. Ich solle, sprach der Arzt, drei Monate lang an Krücken gehen.

Ich hatte vorher meinem Sohn, damals 14, eine Reise nach London versprochen. So durchwanderten wir zehn Tage lang die Stadt, er gut zu Fuß, ich an Krücken. Als wir uns in die lange Schlange vor *Madame Tussauds* einreihten, kam ein Uniformierter: *Sir, please follow me!*

Er geleitete uns zum Eingang für *disabled persons*, wo wir, ohne zu warten, das Museum betraten. In *Westminster Abbey*, dem *British Museum*, der *National Gallery*, dem *Victoria and Albert Museum* sowie der *Tate Britain* begaben wir uns daraufhin stets sofort zum Spezialeingang.

Ich beschloss, bei Städtereisen künftig immer Krücken mitzuführen.

Noch interessanter: mein Steißbeinbruch beim Langlaufen. Ich sauste eine Abfahrt hinunter und sah, dass die Loipe vor der Brücke über einen Wildbach eine Kurve nahm. Genau dort aber war die Spur von Spaziergängern zertreten. Ich bekam Angst, die Kurve nicht zu kriegen, ins eisige Wasser zu rauschen und mir auf den Felsen etwas zu brechen. Also ließ ich mich in den harten, eisigen Schnee fallen und brach mir *dort* etwas, und zwar das Steißbein, *Os coccygis,* auch Kuckucksknochen oder Schwanzbein genannt.

Wobei ich das Wort *Kuckuck* in diesem Zusammenhang nicht erklären kann, das *Schwanzbein* schon: Die drei bis fünf zusammengewachsenen Wirbelknochen hier sind der letzte Rest unseres einstigen Schwanzes. Was zu der Vorstellung führt, wie es wäre, wenn dieser Schwanz nicht verkümmert, sondern geblieben wäre.

Würden wir Freundinnen und Freunde, auch Onkel Christian sowie Tante Felicitas bei ihren Besuchen schwanzwedelnd begrüßen? Würden prüfungsängstliche Menschen zu Klausuren mit eingeklemmten Schwänzen erscheinen?

Übrigens haben die meisten Säugetiere (Menschen

aber nicht) einen Penisknochen. Männer (und übrigens auch Frauen) werden, hören sie davon, neidisch, weil die Existenz eines solchen ja alle Erektionsprobleme lösen würde. Andererseits sollte man nicht vergessen, dass zum Beispiel der Penis eines Gorillas nur drei Zentimeter lang ist. Der Silberrücken ist es gewohnt, mit seiner Gestalt zu imponieren, er ist selbst eine permanente Ganzkörpererektion.

Außerdem sollte man bedenken, dass ein Penisknochen zwischen den Beinen stören würde, wobei auch immer, und dass man sich zweitens auch ihn brechen könnte, wobei auch immer.

Zurück zu meinem gebrochenen Schwanzrest.

Ich konnte wochenlang nicht sitzen. Der Steiß schmerzte fürchterlich, und man konnte wenig tun, außer halt das Sitzen zu vermeiden, was in meinem Beruf nicht so einfach ist wie, sagen wir, für Maurer. Ich hatte Lesereisen zu unternehmen. Es ist weder leicht noch üblich, die sechsstündige Fahrt im ICE von München nach Hamburg stehend, liegend oder schwebend zu absolvieren.

Also kaufte ich mir im Orthopädie-Fachgeschäft einen Schaumstoffring, den ich stets mit mir führte wie ein Nichtschwimmerkind im Schwimmbad seinen Schwimmring. Im Zug bettete ich meinen schmerzenden Steiß in den Ring, der aussah wie eine Toilettenbrille aus Schaumstoff.

Ich sah aus wie ein Mann, der angezogen auf dem Klo hockt und dabei liest. Oder ein Sandwich isst. Oder in einen Laptop tippt.

Vor vielen Jahren beschloss ich, auf dem Weg zu mehr Gelassenheit im Leben das Meditieren zu erlernen. Jeden Morgen sitze ich seitdem ein Mantra murmelnd auf einem Stuhl und versenke mich.

Nun ist zu erwähnen, dass die Männer in meiner Familie seit eh und je zu gewaltigen Niesanfällen neigen. Von meinem Großvater väterlicherseits wird berichtet, dass er einmal Nase und Mund beim Niesen geschlossen habe und deshalb durch den körperinternen Druck sämtliche Haare samt Wurzeln raketenartig aus dem Kopf geschossen seien, diesen für immer verlassen hätten und einige Meter im Umkreis zu Boden gesunken seien. Seitdem hatte Großvater eine Glatze – und nicht nur das. Selbst seine Zehennägel seien damals, so heißt es, durchs Schuhleder ins Freie gedrückt worden, so heftig war die bis in die Fußspitzen dringende Detonation.

Sein Sohn, mein Vater, der Niesattacken aufgrund der familiären Erfahrung immer freien Raum gab, war ein so berüchtigter Explosivpruster, dass er gelegentlich größere Bäume im Garten nur mit einem einzigen Nieser fällte, ja, einmal nieste er sogar eine Limousine aus dem Weg, die seine Grundstückseinfahrt versperrte. Er war in der Lage, Niesen als Kampfsport zu nutzen und gewalttätige Angreifer einfach umzuniesen, und behauptete, er könne einem Bewaffneten, der auf ihn schieße, die Kugel in den Lauf zurückniesen.

Ich selbst bin so gut wie nie erkältet, habe aber eine Stauballergie, die mich zu scheußlichen, acht bis zehn Niesern umfassenden und meinen ganzen Körper einbeziehenden *Sternutationes* nötigt. *Sternutatio* ist der lateinische Fachausdruck, den ich gern benutze. Der Niesende ist ein Sternutant, ist das nicht schön?

Ich bin ein Sternutant, Madame!

Es begab sich eines Abends Folgendes: Ich hatte gerade meine Meditationshaltung eingenommen, als ein Stäubchen meine Nase kitzelte und ich niesen musste, einmal, noch einmal, ein weiteres Mal. Gewaltige Explosionen erschütterten das Haus. Ich nieste acht Mal, dann ein neuntes, bei dem mich am hinteren Oberkörper rechts unten ein Schmerz durchfuhr, als habe mir jemand ein Messer in den Leib gerammt.

Am nächsten Morgen stand ich um acht Uhr früh in einer orthopädischen Praxis. Der Arzt sah mich aus müden Augen an, er war unrasiert und erkältet und trug einen Mund-Nasen-Schutz, aber am Kinn. Er murmelte etwas von muskulären Problemen, verschrieb Schmerzmittel und Massagen. Zwei Tage später suchte ich eine physiotherapeutische Praxis auf.

Die Krankengymnastin betastete meinen Rücken (was der Arzt vermieden hatte), und ich spürte ein Klackern, als bewege sich dort eine lose Schraube. Ich müsse noch einmal zum Arzt, sagte sie, da stimme etwas nicht. Ich also wieder zum Orthopäden. Gut, sagte er, dann werde man ein CT machen. Ich ging zum Radiologen, der mein Körperinneres fotografierte und mir zeigte, dass die unterste Rippe rechts durchgebrochen war.

Ich erinnerte mich, dass ich einmal im *British Medical Journal*, der Pflichtlektüre für den Hypochonder von Welt, einen interessanten Fallreport von Wanding Yang und ihren Leuten am Universitätskrankenhaus in Leicester gelesen hatte. Dort wurde ein 34-Jähriger eingeliefert, der starke Schmerzen beim Schlucken und Probleme beim Sprechen hatte. Man vernahm beim Abhören ein Rasseln in seinem Körper, stellte einen Riss im Schlund fest und entdeckte Luft in Gewebeschichten am Hals, wo Luft nicht hingehört. Der Mann musste sieben Tage bleiben, wurde über eine Sonde ernährt und mit Antibiotika behandelt, um Entzündungen zu vermeiden. Dann war alles gut.

Wie war der Mann zu den Verletzungen gekommen?

Die Antwort: Er hatte sich bei einem Niesanfall sowohl Nase als auch Mund zugehalten, was zu körperinternen Verheerungen führen muss, weil der Explosionsdruck nicht entweichen kann. Wir sprechen von dem nach einem niederländischen Arzt benannten *Boerhaave-Syndrom*, bei dem (meistens durch explosives Erbrechen) Risse in der Speiseröhre auftreten können, was, wird nicht sofort operiert, meistens zum Tode führt.

Und mir fiel auch ein, was Robert R. Provine von der University of Maryland in seinem Buch *Ein seltsames Wesen. Warum wir gähnen, rülpsen, niesen und andere komische Dinge tun* schrieb: »Niesen ist so anstrengend, dass es sogar für kräftige Menschen eine Gefahr darstellt.« Provine zitiert Fälle von Sportlern, die nach unterdrückten Niesern mit Rückenzerrungen monatelang ausfielen. Er erwähnt Bandscheibenvorfälle, Netzhautablösungen, Schlaganfälle, Fehlgeburten.

Keine Rede von Rippenbrüchen.

Vielleicht bin ich einzigartig, dachte ich, wenigstens was Knochenbrüche nach Niesattacken beim Meditieren angeht. Könnte man nicht eine Krankheit nach mir benennen, so wie man Käfer mit den Namen der Menschen tauft, die sie entdeckten?

Rippenfraktur nach Niesen, *Morbus Hacke.*

Außerdem haben Sie Osteopenie, sagte der Radiologe.

Was ist das?, fragte ich.

Eine Vorstufe von Osteoporose. Ihre Knochen werden brüchig.

Ich geriet in Panik und suchte Professor D. auf, meinen Internisten, einen alten Herrn, der für mich eine Art lebendes Beruhigungsmittel ist. Allein der Anblick von D. senkt meinen Puls manchmal um zehn Schläge.

Sie haben keine Osteopenie und auch keine Osteoporose, sagte er.

Woher wissen Sie das?, fragte ich.

Weil wir das erst vor einem Jahr untersucht haben. Da war nichts. In so kurzer Zeit kann es sich nicht entwickelt haben. Außerdem kann man das mit einem CT nicht feststellen. Dazu braucht man ein spezielles Röntgengerät. Sie waren damals in der radiologischen Praxis von Dr. Sowieso. Da gehen Sie jetzt wieder hin, dann werden Sie schon sehen.

Ich tat, wie mir geheißen. Dr. Sowieso untersuchte mich mit seinem Gerät und bestätigte, was Professor D. gesagt hatte.

Und warum hat Ihr Kollege diese Diagnose getroffen?, fragte ich.

Wahrscheinlich weil er unser Gerät nicht hat. Er hat nur ein CT.

Und was ist jetzt mit der Rippe?

Die heilt von selbst. Dauert aber.

So geschah es. Außer dass dieses Rippchen nicht passgenau wieder mit dem gegenüberliegenden Rippenteil verwuchs, sondern leicht versetzt. Es ist eine Knochenstufe entstanden, die ich manchmal beim tiefen Einatmen spüre. Da ist ein leiser Schmerz, eine Irritation, ein kleines Haken, als ob etwas Gleitendes eine Unebenheit überwinden müsse.

Es ist der Hauch einer Erinnerung an in mir schlummernde und jederzeit entfesselbare vulkanische Kräfte, an den lauernden Niesvesuv in meinem Inneren.

Ohr

Ich fuhr mit der Bahn in die Nacht hinein, von Stuttgart nach München. Ich dachte während der Fahrt über dieses (noch ungeschriebene) Kapitel hier nach und damit über den Tinnitus, den ich im Ohr habe, seit ich achtzehn bin. Seit mehr als fünfzig Jahren also.

Im Ohr haben, was heißt das?

Es bedeutet: Niemand kann den Ton hören außer mir. Er existiert nur für mich, wie zum Beispiel ein Schmerz im Zahn oder im Bauch nur für mich da ist. Keiner fühlt ihn, nur ich. Das ist im Tinnitusfall seltsam, weil ein Geräusch normalerweise in der Außenwelt entsteht und dann vom Menschen wahrgenommen wird. Dieses Geräusch aber ist nicht in der Außenwelt. Es ist in meinem Kopf. Wie solche Töne in Köpfen entstehen, ist unbekannt, wenn ich es recht weiß.

Der Tinnitus ist da, immer. Doch ich höre ihn manchmal monatelang gar nicht, ja, es hat Jahre gegeben, in denen ich ihn vergessen hatte. Wo ist er?, dachte ich dann – schon war er da. Sobald mir bewusst wird, dass ich einen Tinnitus habe, höre ich ihn.

In mir existiert ein Geräusch, und ich frage mich, ob das Geräusch, wenn ich es *nicht* höre, auch *nicht* existiert. Das ist bei in der Außenwelt vorhandenen Geräuschen anders. Es könnte sein, dass irgendwo ein Auto hupt, ich das aber nicht wahrnehme, was nichts an der Existenz des Hupens ändert. Andere könnten es hören und mir davon berichten.

Das geht beim Tinnitus nicht.

Das Nachdenken über den Tinnitus, der lange Zeit ungehört geruht hatte, hatte das Geräusch nun aufgeweckt: in der Bahn an jenem Tag.

Ich machte ein Experiment. Ich steckte mir Kopfhörer in die Ohren und suchte Musik heraus, die ich sonst nie höre. Mein jüngster Sohn hatte sie mir empfohlen, bei Spotify wurde sie unter *Experimental independent artists and labels* rubriziert: Songs wie *Anthem For Those Who Know* der Amerikanerin Káryyn oder das Album *The Head Hurts but the Heart Knows the Truth* von einer britischen Band namens *Headache.*

Für meine Kinder ist diese Art des Musikhörens unterwegs Alltag, für viele andere auch, seit es *Walkmen* gibt (falls sich jemand noch an Walkmen erinnert). Aber für mich? Alles ungewohnt, neu, jedoch toll, ein bisschen psychedelisch, halluzinierend, jazzig, was weiß ich, mir fehlen die Begriffe. Ich höre sonst nie Musik, wenn ich draußen bin, auch nicht beim Laufen. Ich will die Welt um mich herum hören, hatte nie einen Walkman und benutze meine Kopfhörer nur selten, hier im Zug zum Beispiel.

Aber jetzt hatte ich die Musik im Kopf und die in der Dunkelheit versinkende Landschaft draußen vor Augen.

Ich ließ die Kopfhörer in den Ohren, als ich ausstieg, sah die Reisenden um mich herum auf dem Bahnsteig, die Autos, den Taxifahrer, mein Haus, aber alles geräuschlos, also ohne die zugehörigen Eigengeräusche. Ihr Dasein jedoch untermalt von der Musik. Es war, als wäre die Welt ein Film geworden oder ein Traum. Die Musik veränderte alles. Oder besser: Das Hören veränderte die Welt. Das Geschehen war hier, ich mittendrin. Aber die Musik kam von woanders.

Das passiert, wenn man zwei Sinne voneinander entkoppelt. Wenn Sehen und Hören nicht in unmittelbarer Verbindung stehen, sondern man selbst dem Gesehenen neue Töne unterlegt.

Man sieht neu, wenn man so hört. Man schafft eine andere Welt.

Mache ich jetzt öfters, dachte ich. Man sollte ab und zu Dinge anders machen als vorher.

Dann dachte ich: Wo ist mein alter Freund, der Tinnitus? Schon hörte ich ihn, tief unter all der Musik und dann in sie hineinschneidend.

Ich drehte alles lauter, so laut wie möglich.

Der Tinnitus blieb.

Ich dachte, dass es ein Fehler gewesen sein könnte, über mein Gehör zu schreiben, wenn ich damit den Tinnitus wachgerüttelt hatte.

Ich höre das PfeifenSirrenKlirrenSägen auf der Frequenz von Grillengezirp, das ich deswegen nie mehr gehört habe, seit ich bei der Bundeswehr war. Ich weiß, Grillen zirpen. Aber ich kann es nicht mehr hören. Ich könnte Grillen sehen, im Notfall schmecken, befühlen.

Hören nicht.

Wir schossen damals bei der Bundeswehr mit Maschinengewehren. Vorher händigte man uns Ohrstöpsel aus, die nicht passten und beim Tragen schmerzten, weshalb sie keiner benutzte. Es galt ohnehin als unmännlich. Kein Unteroffizier bestand darauf, dass wir sie trügen.

Nach dem Schießen waren meine Ohren taub, auch war da plötzlich dieser Sound. Ich gab nicht viel drauf. Die Taubheit verging, das Pfeifen blieb. Nach drei Monaten irritierte es mich doch. Ich ging zum Arzt, der sprach von Knalltrauma. Man schickte mich in ein Bundeswehrkrankenhaus. Ich war inzwischen Kommandant eines Kampfpanzers.

Der Stabsarzt im Hospital – ein junger Mann, der, wie viele Bundeswehrärzte, keine Ahnung von dem hatte, was unsereiner in den Kampfkompanien machte – verpasste mir Cortison-Infusionen zur Durchblutungsförderung des Ohres und sagte, ich müsse Lärm meiden.

Ich bin Panzerkommandant, sagte ich.

Ob es auf einem Panzer laut sei, fragte er.

Ja, sagte ich, besonders wenn die Kanone schießt. ES RUMMST.

Dann dürfen Sie das nicht mehr machen, sagte er.

Von diesem Tag an war ich untauglich für meine Verwendung. Die Feldwebel und Offiziere hielten mich für plemplem mit dem Ohrpfeifen, das nur ich hörte und niemand sonst, *ich hätte wohl einen kleinen Mann im Ohr,* sagten sie. Aber gegen den Befehl eines Stabsarztes waren sie machtlos. Den Rest meiner Dienstzeit verbrachte ich als Ausbilder für Schreibstuben-Unteroffiziere.

Mir war es recht. Ich hasste die Panzer.

Die Zeit verging. Als ich 38 war, starb mein Vater, von einer Minute auf die andere. Er war 73, bekam im Auto an einer Ampelkreuzung einen Herzinfarkt, trat bewusstlos das Gaspedal durch und landete mit dem Wagen in der Auslage eines Gemüseladens. Niemand kam zu Schaden außer ihm. Er war schon tot, als er im Geschäft ankam.

Ich bekam wenig später einen Hörsturz. Das Pfeifen, das ich fast vergessen hatte, steigerte sich.

Wieder zum Arzt. Cortison, Ruhe. Alles wurde besser.

Viereinhalb Jahre später, mit 71, starb meine Mutter, ebenso plötzlich.

Es waren Jahre, in denen ich das Leben über die Maßen anstrengend fand. Ich hatte schon einige Bücher geschrieben und liebte diese Arbeit. Aber ich war noch Zeitungsreporter. Ich war, was ich früher hatte sein wollen, Reporter nämlich, obwohl …

Ja, *ich hatte es sein wollen*. Aber wollte ich es auch *bleiben*?

Was ich am Reportersein gern hatte, waren das Lernen und das Schreiben. Das Lernen über das Leben anderer Menschen. Ich mochte den Versuch, andere zu verstehen. Das Schreiben mochte ich auch. Eine Form zu finden für das, was ich gesehen hatte. Mich auszudrücken. Geschichten zu erzählen.

Aber es gab Dinge, die ich *nicht* mochte. Mein Leben nicht planen zu können, sondern es vom Geschehen diktiert zu bekommen. Das plötzliche Aufbrechenmüssen, weil etwas passiert war, über das jemand berichten musste. Die Angst, in der Kürze der Zeit nicht genug zu erleben für einen Bericht.

Den extremen Zeitdruck.

Oft brach ich montags auf im Wissen, samstags würde ich eine ganze Zeitungsseite mit meinem Text gefüllt haben müssen. Die tagelangen Kopfschmerzen vorher bekämpfte ich mit Aspirin.

Ich mochte den Job nicht mehr. Aber ich hatte Kinder und Angst, die Anstellung aufzugeben. Ich war nicht mehr jung und brauchte das Geld.

Eines Morgens sollte ich das erste Flugzeug nach Berlin nehmen, um für eine Reportage zu recherchieren, deren Thema mich nicht die Bohne interessierte. Am Abend zuvor hatte ich mit meiner Frau zusammen *Das Schweigen der Lämmer* gesehen, ein Film, der mich – wie alle Psychothriller – tief beunruhigte.

Ich erwachte morgens um vier von einem Brummen im Kopf: wie das Geräusch einer defekten Neonröhre. Meine Ohren waren belegt. Ich wusste, was los war, sagte die Reise ab, ging zum Arzt.

Hörsturz.

Cortison, Ruhe. Alles wurde besser. Aber *besser* ist ja relativ.

Ich hörte gut, das Brummen war weg. Doch der Tinnitus blieb, nein, er wurde lauter. Er war vorher da gewesen. Er war es auch jetzt.

Diesmal wusste ich: Du musst etwas tun. Wenn du dein Leben nicht änderst, endet es nicht gut. Es ist falsch, dass erst Ereignisse des Körpers dich zwingen, das nicht zu tun, was du ohnehin nicht mehr tun willst.

Also kündigte ich. Ich beendete mein Leben als Reporter und wurde Schriftsteller und Kolumnist. Ich bekam kein festes Gehalt mehr. Du bist verrückt, hätte mein Vater gesagt, eine Festanstellung gibt man nicht auf. Sicherheit ist wichtig, das verstehe ich natürlich so gut wie er. Aber ihm ging sie über alles.

Mein Vater war tot.

Heute bin ich mir sicher, er hätte mich, tief drinnen, beneidet, vielleicht bewundert. Kann aber sein, dass ich mir das einbilde. Dass ich in meinen Vater etwas hineindeute, was da nie war, von dem ich mir aber wünsche, es wäre dort gewesen. Dass ich meinen toten Vater idealisiere.

Und? Warum nicht? Warum sollte ich nach so langer Zeit nicht etwas in ihm finden, das großartig war? Großartig hätte sein können? Warum sollte ich mich in meinem Alter nicht mit ihm versöhnen?

Ich bin überzeugt, dass er nach dem Krieg, seinen Verletzungen und dem Tod des Bruders nie der Mensch wurde, der er hätte sein können.

Aber wissen Sie, was?

Ich selbst bin heute sehr dankbar, dass jedenfalls *ich* nach vielem Auf und Ab das Gefühl habe, der zu sein, der ich sein konnte, aber lange auch nicht war.

Der Ohrton erinnert mich für immer an Tage, an denen ich auf mich nicht so aufgepasst hatte, wie man im

Leben auf sich selbst aufpassen *sollte*: auf Körper und Seele. Ich hatte die Gehörstopfen nicht benutzt, das Pfeifen ignoriert. Ich hatte zu einer Arbeit aufbrechen wollen, die ich nicht tun wollte. Erst das Kesselpfeifen in den Ohren hielt mich davon ab weiterzuleben, als wäre nichts. Die Alarmsirene hat mir gezeigt, dass ich falsch abgebogen war.

Offenbar ging es nicht ohne. Manchmal greift der Körper ein, wenn deine Seele sich verirrt hat. Für diese Tatsache bin ich Ohrenzeuge.

Oder ist es anders? Hat der Körper sich verirrt und die Seele greift ein? Oder ist das ganze Gerede von Körper und Seele ohnehin Quatsch, weil das alles zusammengehört und nicht zu trennen ist?

Der französische Arzt und Anatom Joseph-Guichard Duverney war der Erste, der erkannte, dass der Tinnitus kein reales Geräusch ist, sondern erst in der Wahrnehmung, im Ohr also, entsteht, »eine Phantomwahrnehmung«, wie Uwe C. Steiner das in seinem Buch *Ohrenrausch und Götterstimmen* ausdrückt.

Man sieht bei einem Schlag auf den Kopf ja auch Sterne, die es nicht gibt.

Duverney, Begründer der Ohrenheilkunde, erklärte 1683 in seinem Werk *Traité de l'organe de l'ouïe* (Abhandlung über das Organ des Ohres), der Ohrenklang sei in den allermeisten Fällen ein innerliches Phänomen. Genau das hatte man bis dahin nicht gewusst. Man stand ratlos vor dem Pfeifen und Rauschen und erklärte es zu Stimmen der Götter oder so.

Nun wurde plötzlich klar: Das Ohr ist nicht nur ein empfangendes Organ, sondern auch ein gestaltendes. Reize kommen nicht nur an und werden weitergegeben, nein, es gibt auch mentale Affekte, die im Ohr zu einem Geräusch werden, das aber dennoch nicht das ist, was wir gemeinhin *Einbildung* nennen, sondern real, nur eben für andere nicht hörbar.

Schwierig, was?

Der aufklärerische Dichter Barthold Heinrich Brockes schrieb 1727:

Daß die Töne, die wir spüren,
Durch die Seel' in unserm Ohr,
Und nicht auswärts, sich formiren,
Stellet dieses deutlich vor:
Wenn ein Fluß das Haupt verstopfet,
Hört man, wie es braust und klopfet,
Welches nicht von aussen klingt,
Sondern in uns selbst entspringt.

Die Seel' in unserm Ohr, das ist nichts, womit Wissenschaftler viel anfangen können. Ich schon. Der Gedanke der Aufklärung war die Entdeckung des Menschen als Subjekt, als Ich, das die Welt gestalten will, soll und kann. Vielleicht folgt daraus auch der Gedanke: Wenn mein Körper und meine Seele, mein Ich also, selbst ein Geräusch zu erzeugen in der Lage sind, dann sollte dieses Ich vielleicht auch in der Lage sein, dem Sound einen Sinn zu verleihen.

Was wäre aus mir geworden ohne Tinnitus? Wo wäre ich?

Jedenfalls nicht dort, wo ich jetzt bin, wo es mir gut geht und ich zufrieden bin. Wo ich tue, was ich tun will, und nicht das, was andere wollen, dass ich es tue. Weil das so ist, hat der Tinnitus für mich eine *Bedeutung*, er gehört zur Geschichte meines Körpers. Er *ist* selbst eine Geschichte, die mir mein Körper erzählt.

Oder eben vorpfeift.

Ungezählte Menschen leiden unter einem solchen Geräusch und haben gelitten, Rousseau, Beethoven (er muss unsäglich gequält worden sein), Kafka, Rilke. Edvard Munchs berühmtes Bild *Der Schrei* von 1893 ist als Ausdruck eines Tinnituskranken gedeutet worden. Wer es unter diesem Aspekt sieht, dem wird klar, wie schrecklich dieses Schicksal sein kann.

Man hat den T. eine *Epochenkrankheit* genannt – als Ausdruck eines *Zeitalters der Angst*, wie man in Steiners Buch lesen kann. Egon Friedell schrieb 1927 in seiner *Kulturgeschichte der Neuzeit*, »daß jedes Zeitalter sich seine Krankheiten macht, die ebenso zu seiner Physiognomie gehören wie alles andere, was es hervorbringt: sie sind gerade so gut seine spezifischen Erzeugnisse wie seine Kunst, seine Strategie, seine Religion, seine Physik, seine Wirtschaft, seine Erotik und sämtliche übrigen Lebensäußerungen, sie sind gewissermaßen seine Erfindungen und Entdeckungen auf dem Gebiete des Pathologischen«.

Ich bin nicht allein. Ich leide manchmal, aber der Tinnitus ist zu einer Geschichte geworden. Geschichten kann man ablegen und einordnen und dann und wann wieder herauskramen. Er hat mein Leben verändert. Er mahnt mich sirrend zu Ruhe und Selbstbesinnung.

Wenn ich die gefunden habe, vergesse ich ihn. Ich brauche ihn dann nicht.

Zeigefinger

Meinen linken Zeigefinger betrachtend, entdecke ich am Knöchel eine fünf Zentimeter lange, schmale Narbe. Sie ist drei Jahre alt und rührt von einem Messer.

Ich hatte damals einen Test gelesen, *Die besten Taschenmesser für Outdoor-Abenteurer.* Ich liebe solche Tests. Beschäftigen sie sich mit Dosentomaten, bestelle ich nach der Lektüre einen Karton vom Testsieger. Sind sie Handseife gewidmet, ordere ich die beste.

In diesem Sinne hatte ich mir das schärfste, praktischste, schönste Abenteuerschneidegerät bestellt, »ein stabiles, kompaktes Messer, das gut in der Hand liegt«, zehn von zehn Punkten. Auch Holzspalten klappe einwandfrei, »es gleitet mühelos durch alle Materialien«.

Das Schneidewunder.

Einige Tage darauf wollte ich in meinem Garten in Italien eine Hängematte befestigen. Der Karabinerhaken, den ich zu verwenden gedachte, war mit einem Plastikring an einem Karton befestigt, sehr fest, eine dieser Scheißverpackungen, die man nicht aufbekommt, was auch immer man tut, reißen, beißen, schmeißen, nichts ging.

Also nahm ich das Messer.

Ich versuchte, den Plastikring zu zerschneiden, schnitt aber nicht vom Körper weg, wie es halbwegs im Rahmen der Vernunft gewesen wäre, sondern zum Körper hin, eine dieser Leichtsinnstaten, mit denen man sich den Alltag versauen kann.

Das Messer glitt nicht mühelos durch den Kunststoff, es rutschte stattdessen ab und schnitt am Gelenk des linken Zeigefingers vorbei in mein Fleisch, eine tiefe Wunde verursachend. Ich blutete in Strömen, holte ein Handtuch, presste es auf den Schnitt und rief, da ich alleine war, einen Freund an. Der brachte mich ins Inselkrankenhaus – ein Ort, der nach Dritter Welt aussah. Mit einem Schnitt im Finger und einem blutgetränkten Handtuch um die Wunde darf man sich dort auf eine Wartezeit einrichten. Zwei Stunden. Das Personal ist knapp, und erst mal werden die Leute versorgt, die mit ihrem *Motorino* durch die Gegend geflogen sind und dabei in Einzelteile zerlegt wurden.

Passiert hier dauernd.

Ist auch wichtiger.

Der Arzt, der dann die Sache besah, sagte, er werde

das gleich nähen. Ich atmete auf: nicht so schlimm. Dann sagte er, nein, die Kapsel sei verletzt, eventuell die Sehne, da müsse eine Orthopädin ran. Ich atmete durch: doch schlimm. Als die Orthopädin schließlich eintraf, sagte sie, es sei nur die Kapsel, nicht die Sehne. Auch der Nerv sei nicht betroffen. Ich ächzte: nur halb so schlimm.

Sie trug ein schwarzgraues Kostüm, ärmellos, den Ärztinnenkittel hatte sie schon abgelegt. Eine Frau in ihren Vierzigern, apart, elegant. Sie hatte schon Feierabend, war aber noch im Haus. Ich erinnere mich an ihre riesige schwarze Brille und eine sägende Stimme. Während sie arbeitete, tauschte sie mit der Krankenschwester Kochrezepte aus. Mit mir wechselte sie kein Wort. Schaute mich nicht an. Kein Gruß. Sieben Stiche. Sie machte gute Arbeit, wie ein Handwerker an einem Werkstück.

»Baby, bitte, was wolltest du mit dem Scheißmesser?«, fragte meine Frau, die besorgt ins Krankenhaus geeilt war und draußen wartete.

»Hatte ich mir schön vorgestellt, immer ein Taschenmesser dabei, ein Mann und sein Messer«, sagte ich. Vielleicht an einem Stock schnitzen. Eine Pflanze beschneiden. Einen Gartenschlauch kappen.

Ich dachte, wie es gewesen wäre, wenn das Messer mir weiter Richtung Körper ausgeglitten wäre, Richtung Herz, zielsicher zwischen den Rippen hindurchfahrend.

Die Zeitungsmeldungen.

Schriftsteller ersticht sich selbst.

Er wollte nur eine Verpackung öffnen.

So gesehen war es gut gegangen.

Zehn Tage lang steckte der linke Zeigefinger in einer Schiene. Er war damit ungefähr zehnmal so groß wie normal. Ich war froh, dass es nicht den Mittelfinger getroffen hatte. Es gab niemanden, der diesen Finger übersah, zumal er mit azurblauem Verbandsmaterial verpackt war. Rot hätte es auch gegeben. Das schien mir, als ich im Krankenhaus einen Farbwunsch äußern durfte, übertrieben aufmerksamkeitsheischend.

Jeder fragte mich, was ich mit dem Finger gemacht hätte. Ich erzählte es auch jedem. Genau genommen gab es niemanden im weiteren Bekanntenkreis, dem ich es nicht erzählt hätte. Ein erigierter, azurblau verpackter Zeigefinger von der Größe einer Bierflasche macht dich zum Mittelpunkt jeder Gesellschaft. Und ich rede ja gerne über solche Unfälle. Reine Egozentrik vermutlich.

Vielleicht ist es auch, weil ich gerne erzähle. Erzählen ist mein Beruf.

Apropos Egozentrik.

Seit jeher gilt der Zeigefinger als Symbol der Kraft, der Autorität, auch des Drohens und Belehrens. Der Lehrer (bisweilen auch zum Beispiel der Leitartikler oder der

Bundespräsident) hebt den Zeigefinger mahnend. Im klassischen Islam ist dieser Finger, aufwärts zeigend, ein Zeichen für den Monotheismus, die Einheit Gottes, und also ein Glaubensbekenntnis. In Kreisen des IS hingegen ist er selbst eine Dominanzgeste (und Erkennungszeichen der Terrorbrüder). Unter den Jubelgesten von Sportlern war der gereckte rechte Zeigefinger des viermaligen Formel-1-Weltmeisters Sebastian Vettel berühmt, den er sich 2006 bei einem Rennen in Spa-Francorchamps schwer verletzt hatte. Manche Zeitzeugen behaupten, die Fingerkuppe habe angenäht werden müssen. Andere sagen, der Knochen sei gebrochen gewesen.

Man kann an den Zeigefinger nicht denken, ohne Michelangelos *Die Erschaffung Adams* aus dem Fresko an der Decke der Sixtinischen Kapelle vor Augen zu haben: Gott streckt Adam seinen rechten Zeigefinger entgegen, dessen linkem Zeigefinger entgegen, der – wie die ganze Hand – noch schlapp herabhängt, sich aber als einziger dem Gottesfinger schüchtern entgegenbewegt hat.

Neuerdings stelle ich mir Adam mit blau verpackter Fingerschiene vor.

Mit dem Zeigefinger auf etwas zu zeigen, beinhaltet also Kraftübertragung. Genau darin liegt die Ursache für die Unschicklichkeit des Zeigens auf andere.

Das macht man nicht, lernen wir als Kinder. Warum nicht? Aus einem egoistischen Motiv: Der Zeigende könnte zwar seine Kraft übertragen, sie allerdings dadurch selbst verlieren.

Kleiner Ausflug in die Fingergeschichte.

So gesehen hat der Versuch, sich quasi selbst den Zeigefinger abzusäbeln, eine tiefe, geradezu einschneidende Bedeutung.

Wenigstens war es nur der linke.

Mir fällt ein – das hat jetzt aber nichts mehr mit Handknochen zu tun, eher mit Wehleidigkeit –, mir fällt also ein, dass Werner Herzog, der Regisseur, mal während eines Fernsehinterviews einen Bauchschuss bekommen hat.

Ein Irrer hatte mit einem Luftgewehr herumgeballert und ihn, Herzog, wohl zufällig getroffen. Man hat, wenn man die Fernsehaufnahme sah, nur einen leisen Knall gehört, ein stumpfes Paff, und gar nicht gemerkt, dass Herzog getroffen worden war. Er fragte nur, was das denn gewesen sei. Dann öffnete er seine Hose, man sah Boxershorts. Er zog sie ein kleines Stück herunter.

Ein kleines, leicht blutendes Loch in Nabelnähe.

Nicht der Rede wert, sagte er und knöpfte die Hose zu. Ich glaube, dann ging das Interview weiter.

In seinen Memoiren *Jeder für sich und Gott gegen alle* erzählt Herzog zig solcher Geschichten, auch die von dem Mann, der am Filmset von einer äußerst giftigen Schlange in den Fuß gebissen worden war. Sechzig Sekunden noch zu leben, das wusste das Opfer.

Es sei denn …

Er schnitt sich mit einer Motorsäge den Fuß ab und überlebte.

Könnte ich nicht. Höchstens unabsichtlich, das wäre denkbar. Beim Öffnen einer Verpackung mithilfe einer Motorsäge.

Huuuuuh, sagen die Leute, wenn ich meine Geschichte erzähle. Manche zischen dann noch leise wimmernd.

Sssss … machen sie.

Haaaah …

Schreiben war in den Tagen mit dem Riesenfinger nicht einfach. Ich tippe sonst mit beiden Zeigefingern. Der linke dieser zwei musste nun durch seinen Freund, den benachbarten Mittelfinger, vertreten werden, doch der war ungeübt. Oft erwischte er, vom steifen Bierflaschenfinger verdeckt, die Feststelltaste für die Großbuchstaben.

UND DANN MUSSTE MAN ALLES WIEDER LÖSCHEN.

Ein Autor sollte mit seinen Texten den Finger in die Wunden einer Gesellschaft legen, liest man bisweilen. Ich hatte die Wunde in den Finger gelegt.

Andererseits war es erstaunlich, wie schnell ich an alles gewöhnt war. Anfangs war ich nicht in der Lage, mir ein Hemd allein anzuziehen. Später konnte ich mir mit der Fingerschiene den Rücken an normalerweise nicht erreichbaren Stellen kratzen. In Comics ist oft eine Hand von Piratenkapitänen durch einen Metallhaken ersetzt. Irgendwie war das vergleichbar. Mir kam der Gedanke, vorne an der Schiene ein Gewinde zu befestigen und darauf, je nach Bedarf, einen Kochlöffel zu schrauben, einen Hammer, eine Kaffeetasse.

Oder ein Taschenmesser.

Oder eine kleine Motorsäge, für alle Fälle.

Nach zehn Tagen wurden die Fäden gezogen. Ich sah meinen guten alten Finger wieder, mit rot leuchtender, später *peu à peu* der Haut sich einschmiegender Narbe. Heute, wie gesagt, ein fadendünner Strich.

Der ist mir geblieben.

Was noch?

Eine Messerphobie. Das Taschenmesser von damals habe ich nie wieder angerührt. Wenn ich in der Küche schneiden muss, hantiere ich mit äußerster Vorsicht. Mit Messerrespekt. Man lernt.

Wie heißt das Gegenteil von Unachtsamkeit?

Achtsamkeit, ach ja.

Zähne

Mir wurde ein Zahn gezogen, der Backenzahn links unten ganz hinten. *Dreisieben* nennt ihn mein Freund, der Zahnarzt, und sagt, er sei nicht mehr zu retten gewesen. Er spricht von ihm wie ein Tierarzt von einem alten Hund, den man von seinen Leiden erlösen musste, weil ihm Gelenkarthrose das Leben zur Hölle machte.

Der Zahn ist fort. Ich spüre an seiner Stelle einen Krater. Im Mund kommt einem vieles größer vor, als es in Wahrheit ist. So befindet sich, wo einst der Zahn eingewachsen war, eine Art *Caldera*. Die werde zuwachsen, hat der Kieferchirurg versichert. Dann bekomme ich ein Implantat, einen künstlichen Zahn.

Zwei Implantate habe ich schon, rechts unten hinten. Dreisieben ist nicht der erste Zahn, der mir gezogen wurde. Ein weiterer Backenzahn wurde vor anderthalb Jahren entfernt, da fehlt das Implantat noch, Zeit wird es.

Ich hatte vier Weisheitszähne, alle wurden extrahiert. Lange her. Zwei wuchsen von unten schräg gegen andere Zähne, wenn ich mich recht entsinne. Beschwerden machten sie, als ich Ende zwanzig war. Sie heißen Weisheitszähne, weil sie oft in einem Alter in Erscheinung treten, in dem Menschen einst als alt galten und als weise.

Die *Achter* (Zahnmediziner nennen sie so, weil sie jeweils die achten Zähne sind, von vorne aus gezählt) stammen aus einer Zeit, als die Menschen größere Gebisse und damit größere Kiefer hatten. Die Kiefer sind geschrumpft, die Zähne geblieben. Mir aber nicht.

Wenn ich bedenke, dass mir schon acht Zähne gezogen wurden, und wenn ich mich weiter erinnere, dass ich zwanzig Milchzähne hatte, dann sind meinem Mund schon 28 Zähne entfallen oder entnommen worden.

Aber sie sind alle wie vom Erdboden verschwunden! Auch die Milchzähne. Hat meine Mutter sie mit ins Grab genommen? Haben wir sie nach ihrem Tod beim Aufräumen der Wohnung entsorgt? Haben meine Brüder sie an sich genommen und mich um mein Dentalerbe betrogen?

Ich habe keine Erinnerung. Auch nicht an die erwachsenen Zähne.

Der Kieferchirurg kann sie nicht weggeworfen haben. Er hat mir den jüngst gezogenen Zahn mit der Bemerkung überreicht, es handele sich um *mein* Eigentum. So wird es auch damals gewesen sein, bei den anderen Zähnen.

Übrigens handelt es sich wirklich um ein Trumm von Zahn, ein imposantes Gebilde, so eindrucksvoll, dass ich es mit einer Zahnbürste reinige und in Desinfektionsflüssigkeit lege. Der Zahn ist 2,1 Zentimeter lang – und da ist die Krone, die er trug, nicht dabei. Ein Königszahn. Er hat gewisse nicht entfernbare Gebrauchsspuren, gelbliche Verfärbungen, eine weiße Füllung, auch zwei glänzende Stellen, dazu Rillen und Vertiefungen.

Ich hab gelebt, mein Freund!, sagt sein Äußeres. Ich musste mich durchbeißen.

Mir fällt ein, wie Karl May den berühmten Jäger Old Firehand beschrieben hat, eine Stelle aus *Der Schatz im Silbersee.*

> *Um seinen Hals hing eine lange Kette, welche aus den Zähnen des grauen Bären bestand, und an ihr die Friedenspfeife mit einem meisterhaft geschnittenen Kopfe aus dem heiligen Thone. Sämtliche Nähte des Rockes waren mit Grislykrallen verbrämt, und da ein Mann wie Old Firehand sicherlich nicht fremde Beute trug, so konnte man aus diesem Schmucke und der Pfeifenkette ersehen, wie viele dieser furchtbaren Tiere seiner sichern Kugel und seiner starken Faust zum Opfer gefallen waren.*

Wäre es nicht schön, ich könnte um meinen Hals eine Kette aus eigenen Zähnen tragen, dazu vielleicht andere, meinem Körper entfernte Teile, die Vorhaut und den Blinddarm, dazu Stücke des linken Innenmeniskus? Bei manchen Zeitgenossen könnte man eine alte Hüfte dazutun, ein Knie oder beides. Man wäre komplett, nicht wahr? Ganzheitlich. Hätte seine Sachen beieinander. Trüge Insignien des Körperbewusstseins um den Hals.

Ein *Memento mori*, Symbol der eigenen Vergänglichkeit.

Jedenfalls habe ich für meinen *Dreisieben* eine mehr als vierzig Zentimeter hohe alte Glaskuppel gekauft und ihn auf rot leuchtenden Filz gebettet, eine Selbstmusealisierung, ein Stillleben, *nature morte*. Ich kann mir vorstellen, dass es Leute gibt, die mich für einen Kauz halten deswegen.

Mir egal.

Meine Großmutter legte jeden Abend ihr komplettes Gebiss in ein Kukident-Glas, wenn sie schlafen ging, und übernachtete ich bei ihr, lachten mich ihre Zähne aus dem Wasser heraus an. Wohingegen mich daheim das Glasauge meines Vaters beim Zähneputzen anstarrte. Es schwamm in Borwasser, während der Vater schlief, der sein richtiges Auge im Krieg verloren hatte.

Wussten Sie, dass der letzte eigene Zahn, den George

Washington – der erste Präsident der USA, gestorben 1799 – im Mund trug, dass dieser Zahn also in der Bibliothek der *New York Academy of Medicine* aufbewahrt wird? Washington hat auf allen Bildern, die es von ihm gibt, einen entschlossenen Zug um die Mundwinkel herum, der einen anderen Grund hat, als man denken könnte.

Er hatte nämlich von Jugend an schlechte Zähne. 1794 zog ihm sein Zahnarzt Dr. Greenwood den letzten eigenen Zahn, ließ sich dafür ein Medaillon aus Gold und Glas anfertigen und trug diesen Zahn seither an seiner Uhrkette. Das alles liegt jetzt im Museum, wo man auch das Unterkiefer-Teil des letzten Washingtongebisses betrachten kann. Er hatte im Laufe der Jahre etliche solcher Zahnersatzteile, angeblich sogar Zähne aus Holz. Das stimmt aber nicht. Die Zähne in seinen Gebissen waren teils von ihm selbst, teils von anderen Leuten, dazu kamen künstliche, angefertigt aus Elfenbein, Tierzähnen, Kupfer- und Silberlegierungen, angeblich Blei.

Und weil Washington keine Lust hatte, dass jedermann dieses Sammelsurium bestaunte, während er etwas sagte, hielt er, wenn es irgend ging, den Mund meistens angestrengt geschlossen.

So hat man ihn gemalt.

Bei der Gelegenheit fällt mir eine wunderbare Groteske des Österreichers Fritz von Herzmanovsky-Orlando ein, *Der Gaulschreck im Rosennetz* heißt sie, 1928 erschienen. Sie handelt von einem Hofsekretär namens Jaromir Edler von Eynhuf, der dem geliebten Kaiser zu dessen 25. Thronjubiläum ein Tableau aus 25 Milchzähnen der schönsten österreichischen Frauen schenken möchte. Immer wieder malt sich der Hofbeamte den Freudenstrahl aus, der über das Gesicht seiner Majestät huschen wird, wenn er, Eynhuf, ihm die Zahnsammlung präsentieren und kniend deklamieren wird:

Wenn alle Zähnlein sprechen können würden,
Es sprächen alle, tiefbewegt, doch keck:
Wir beißen gern für DICH DIR alle Bürden,
Die etwa, Hoher, DICH bedrücken, weg!

Eynhufs Sammlung ist fast komplett, 24 Zähne sind beieinander, es fehlt nur einer. Den besorgt er sich, nach vielen Irrungen und Wirrungen und dem Wahnsinn bereits sehr nahe, bei einem jungen Mädchen – und zwar mit Gewalt. Er muss mit dem Raubgut vor der Polizei fliehen, als Wüstling gesucht, seiner Ehre beraubt, eilt verzweifelt zu seiner Wohnung, nimmt seine Pistole, »fand keine Kugel, raffte die Milchzähne mit zitternden Händen alle zusammen und stopfte sie, den blauen Pensionierungsbogen, der schon am Tische gelegen hatte, als Pfropf benützend, in den Lauf«.

Und erschießt sich. Eynhuf stirbt, durchbohrt von Milchzahnschrot.

Seufzend schloß er die Lider.

Ob man mit meinem Riesenzahn im Notfall jemanden erschießen könnte? Ihm einen Dreisiebener ins Herz schießen? Oder eine Milchzahnsalve? Zahn um Zahn, rattatat? Wäre eine Idee für einen Krimi. *Zahnherz* könnte er heißen.

Als ich ein Kind war, wohnte unser Zahnarzt um die Ecke. Er war ein eher dicker Mann. Wenn ich in seinem Behandlungsstuhl saß, hörte ich es in seinem Bauch rumpeln, grollen, kollern. Es war, als beherberge er ein Gewitter. Ob er wusste, dass ich, während er sich in meinem Mund zu schaffen machte, an seinen Eingeweiden lauschte wie an einer fremden Tür?

Dr. Kollerbauch. So hieß er nicht, aber ich habe ihn in Gedanken so oft Dr. Kollerbauch genannt, dass der wirkliche Name verschwindet, sich vermengt mit der Phantasie.

Ein Besuch bei ihm war immer mit Schmerzen verbunden, wobei ich mich nicht erinnere, meinen Vater je mit Zahnschmerzen gesehen zu haben. Meine Mutter immerzu. Manchmal lief sie mit schiefem Mund herum, als habe sie einen Schlaganfall erlitten. Wenn man sie fragte, presste sie aus dem oberen Mundwinkel zischend nur drei Wörter heraus, die alles sagten.

War bei Kollerbauch.

Mir ist der Beruf des Zahnarztes immer ein Rätsel geblieben. Wie kann man sich morgens darauf freuen, den ganzen Tag in den Mündern anderer Menschen herumzudoktern? Es ist ja auch eine Tätigkeit auf engstem Raum, wie ein Uhrmacher, ein Präzisionshandwerk.

Aber einer Uhr tut nichts weh, dem Zahnkranken jedoch fast immer etwas. Den Zahnarzt verbinde ich mit Schmerzen. Natürlich besuche ich ihn auch zu Vorsorgezwecken. Er beschäftigt hochqualifizierte Reinigungskräfte, die zweimal im Jahr mein Gebiss putzen. Ansonsten komme ich zu ihm, wenn etwas wehtut. Ich besuche ihn mit einer Gefühlsmischung aus Angst und Hoffnung. Wird er mir Schmerz zufügen? Wird er mir den Schmerz nehmen?

Das sind zwei große Fragen. Komme ich zum Zahnarzt, machen wir uns gemeinsam auf einen Schmerzensweg. *Ich* habe Schmerzen. *Er* muss mir möglicherweise weitere Schmerzen bereiten, spritzend, bohrend, meißelnd. Danach wird der Schmerz weg sein. Hoffentlich.

David B. Morris erzählt in seinem Buch *Geschichte des Schmerzes* von Edward H. Gibson, der in den 1920er-Jahren eine Zeit lang zweimal täglich in amerikanischen Varietés als *menschliches Nadelkissen* auftrat. Gibson betrat, nur mit einer Unterhose bekleidet, die Bühne und forderte das Publikum auf, fünfzig bis sechzig sterilisierte

Nadeln jeweils bis zu den Köpfen in seinen Körper zu stecken, den Unterleib ausgenommen. Daraufhin zog er, weiterhin auf der Bühne, sorgfältig alle Nadeln wieder heraus.

Für Gibson kein Problem. Er empfand keinen Schmerz, ein Phänomen, das bei einer geringen Zahl von Menschen existiert und auf genetische Defekte zurückgeht.

Defekte?

Muss es einen nicht glücklich machen, wenn man Schmerz nicht kennt? Wäre ich nicht beseelt von Freude, hätte ich nie einen Zahnarzt aufsuchen müssen, von bohrendem Weh gequält?

Morris behauptet das Gegenteil. Für Gibson habe sich das schmerzfreie Leben als fruchtloses Glück erwiesen. Er verließ das Varieté wieder, wusste nichts anzufangen mit seinem Leben. Bisweilen habe er sich, schrieb sein Arzt, in Gegenwart von Freunden ohne Anlass mit einer Hutnadel die Wangen durchbohrt. Das verbraucht sich als Party-Gag.

Morris schreibt: »Er erfuhr niemals, was ihm wirklich erspart blieb, und es gelang ihm auch nie, mehr als nur ein Schauspiel aus seiner seltenen Gabe zu machen.« In Wahrheit sei die Unfähigkeit, Schmerz zu empfinden, kein Geschenk, eher ein Fluch. Natürlich wünsche man sich, »die Gebrechen hätten keine Macht über uns, doch sollte man sich wahrscheinlich an den merkwürdigen

Gedanken gewöhnen, daß der Schmerz und nicht die Schmerzlosigkeit das wahre Geschenk ist«.

Aus der Sicht von jemandem, der von chronischen, furchtbaren Schmerzen geplagt ist, muss das zynisch klingen. Gewiss, der Schmerz ist ein Warnsignal, und wer ihn nicht kennt, wer mit gebrochenen Knochen weiterläuft, als sei nichts geschehen, dem fehlt diese Sirene. Vielleicht wird er früher sterben als andere.

Andererseits möchte man, wenn man nicht nur Zahnweh hat, sondern richtige, den Körper ausfüllende, jedes andere Empfinden betäubende, das Leben reduzierende SCHMERZEN, sagen: Ist ja gut, ich habe deine Signale gehört, jetzt halt wieder die Klappe.

So gesehen sind Zahnschmerzen für mich wie die Mitteilung meines Körpers: Schau mich mal besser etwas aufmerksamer an, mein Lieber, und unternimm etwas! Und um ehrlich zu sein, ich kann auch anders, wenn du nicht gut zu mir bist, ich kann GANZ ANDERS.

Zahnweh ist der kleine Schlitz im Vorhang, hinter dem man eine Hölle ahnt.

Das Interessante am Zahnarztberuf ist, dass diejenigen, die ihn ausüben, auf diesem schmalen Grat zwischen Schmerz und Nichtschmerz wandeln. Der Zahnarzt und Medizinhistoriker Ralf Vollmuth hat dies in einem Aufsatz unter dem Titel *Die Angst des Zahnarztes vor dem Patienten* eindrucksvoll beschrieben und dabei an den Dentisten Brecht in Thomas Manns *Buddenbrooks* erinnert, über den es im Roman heißt:

> *Das Schlimme aber, das eigentlich Entsetzliche an ihm bestand darin, daß er nervös und selbst den Qualen nicht gewachsen war, die zuzufügen sein Amt ihn zwang.*

In diesem Fall bestand Brechts Aufgabe darin, dem kleinen Hanno Buddenbrook einen Zahn zu ziehen, ein Umstand, der das empfindsame Kind in einen Seelenzustand überführte, »der sich absolut durch nichts von dem eines hinzurichtenden Delinquenten unterschied«. Gleichzeitig perlten aber auch auf Brechts Stirn Schweißtropfen. Sein Mund war von Angst verzogen.

> *Und wenn der abscheuliche Vorgang vorüber, wenn Hanno, bleich, zitternd, mit tränenden Augen und entstelltem Gesicht, sein Blut in die blaue Schale zu seiner Seite spie, so mußte Herr Brecht einen Augenblick irgendwo Platz nehmen, sich die Stirn trocknen und ein wenig Wasser trinken …*

Mag sein, dass diese ärztlichen Leiden heute gemildert werden durch die segensreichen Wirkungen der Betäubungsspritzen, die Dr. Kollerbauch nicht in diesem

Maße zur Verfügung hatte, wenn ich mich recht entsinne.

Aber auch Spritzen stechen.

Als ich kürzlich in meines Zahnarztfreundes Stuhl saß und mich, während er seine Nadel zückte, in die Armlehnen krallte, erzählte er, wie genau er auf die Stelle achten müsse, an der er die Spritze ansetze. Denn wenn er den Nerv treffe, dann – er wies mit dem Finger an die Decke – »gehst du da oben durch«.

Ist dir das schon passiert?

Nie, sagte er.

Vollmuth schreibt, einschlägige Studien belegten, »dass Zahnärzte eine sehr hohe Stressbelastung und ein sehr hohes Burnout-Risiko aufweisen«.

Es sei, so Vollmuth, vermutlich die gleiche Angst, die ein Sänger vor dem Verhauen eines Tons oder der Schauspieler vor dem Vergessen des Textes habe, »die Angst nämlich, vor seinem Publikum zu versagen«, wobei das Publikum des Arztes erstens der Patient sei, zweitens aber auch die Assistenz, die ihm zur Hand gehe. Sie alle sind für eine Weile eine Schicksalsgemeinschaft, durch Schmerz, Angst vor Schmerz und Schmerzbefreiung auf Gedeih und Verderb zusammengeschmiedet.

Ich stehe in meinem Büro und betrachte meinen *Dreisiebener* auf seinem roten Filzbett, die Krone neben ihm. *Du hast es hinter dir,* murmele ich und denke an meinen

Zahnarzt, der mich so oft ermahnt hat: *Du knirschst zu viel,* lautet sein Mantra, wenn er mich aus seinem Stuhl entlässt, *du knirschst zu viel, du knirschst zu viel.*

Tatsächlich bewege ich meine oberen und unteren Zähne vor allem nachts aufeinander herum. Ich beiße die Zähne zusammen.

Man nennt das Bruxismus. Ich bin ein Bruxist. Auch das noch.

Die Frage ist, ob ich so leben muss, dass ich solchen Stress empfinde, dass ich dermaßen die Zähne knirschend hin- und herschiebe.

Ach ja.

Meine Osteopathin hat mir gezeigt, wie ich meine Kaumuskulatur entspannen kann, die stärkste Muskulatur übrigens, die ich habe, im Verhältnis zu ihrer Größe. Die wir alle haben. Man sieht mir das an, ich habe eine ausgeprägte Kiefermuskulatur. Größerer Bizeps wäre mir lieber.

Musculus masseter, Musculus pterygoideus medialis, Musculus temporalis. Da walten große Kräfte.

Aber eines Tages begann es in meinem Kiefer rechts zu knacken, unerträglich laut fast, hörbar für andere, wenn ich den Kiefer öffnete oder einen Apfel aß oder ein Vollkornbrot.

Craniomandibuläre Dysfunktion, o mein Gott!

Ich ging zu einem Spezialzahnarzt, der die Schiene,

die ich ohnehin schon am Oberkiefer nachts trug, um mein Zahnwerk nicht durch nächtliches Herumbeißen komplett zu zerstören, die also meine Zähne sozusagen gegen sich selbst schützte, durch eine Korrekturschiene unten ersetzte. Sie wird, wenn es gut geht, meinen Kiefer millimeterweise wieder so verschieben, dass er nicht mehr knackt. Dass es nicht mehr zu diesen winzigen Verlagerungen der Knorpelscheibe, des *Diskus,* im Kiefergelenk kommt, die man hören kann.

Es ist aber besser geworden, hat er neulich gesagt, ich höre nichts mehr.

Ich schon. Aber anscheinend nur noch ich. Das ist *eine Verbesserung.*

Tut mir leid, alter Junge, sage ich zum *Dreisiebener* unter seinem Glassturz, für dich kommt das zu spät.

Jeden Tag schaue ich ihn an, auf seinem Filzbett, auf dem leuchtenden Rot unter der Glaskuppel. Wie ein Mahnmal liegt er da, leise warnend: Sei gut zu deinen Zähnen, die du noch hast, zu meinen Brüdern in deinem Mund!

Bauch

»Ich muss abnehmen«, sagt meine Frau, aber das sagt sie immer, da höre ich nicht mehr hin. Ich finde nicht, dass sie abnehmen muss, sie ist schön und schlank, und ich liebe sie und ihren Körper.

Heute ist der Satz variiert, sie sagt: »Ich muss zwei Kilo abnehmen.«

»Ich muss auch zwei Kilo abnehmen«, sage ich, und das ist wirklich wahr, eigentlich wären es drei Kilo, und da ich ungefähr dreißig Kilo mehr wiege als meine Frau, wäre das gerecht und prozentual angemessen. Mindestens.

Aber darum geht es jetzt nicht, denn plötzlich sagt sie: »Jeder Deutsche will zwei Kilo abnehmen.« Das sei durch Untersuchungen belegt. Sie wisse zwar nicht mehr, wo sie das gelesen habe, aber sie *habe* es gelesen. Und ich finde plötzlich den Gedanken schön, dass nicht nur meine Frau und ich, sondern alle Deutschen vereint sind in dem Gedanken, der Hoffnung, ja dem Willen, zwei Kilo abzunehmen. Ich finde den Gedanken genau genommen viel zu schön, um der Sache nachzugehen.

Eigentlich will ich schon seit langer Zeit zwei Kilo abnehmen.

Ich war ein dickliches Kind, hatte immer zu viel auf den Hüften.

Aber das störte damals niemand, im Gegenteil.

Als ich geboren wurde, im Januar 1956, war der Krieg gerade gut zehn Jahre vorbei. Die Erinnerung an die Hungerwinter direkt danach war noch frisch und hatte ihren Schrecken nicht verloren, immer wieder war die Rede davon. Wie man als Kind mit einem Bollerwagen übers Land gezogen sei und bei den Bauern nach Butter gefragt habe. Und nach Eiern. Wie man schleimige Graupensuppe habe essen müssen. Und wie es später endlich genug gegeben und die Mutter Kartoffelklöße gemacht habe, wie es ein Wettessen von Klößen gegeben habe und der Vater fünfzehn Klöße heruntergebracht habe, er war immer noch stolz darauf.

Vom Onkel Hans, der Bäckergeselle gewesen war, aber für mich nur als Bild an der Wand existierte, vom Onkel Hans also hieß es, er sei *im Krieg gefallen*. Erst später hörte ich, dass er aus dem Krieg zurückgekehrt war, aber nicht nach Hause, nur ins Lazarett. Er habe dort – so erfuhr ich, als die Großeltern und auch meine Eltern tot waren, von seinem Bruder, meinem Onkel Wolfgang – *nichts bei sich behalten können.*

Also hatte er vielleicht Ruhr, so dachte ich, und letztlich verhungerte er im Krankenhaus, das muss man sich mal vorstellen.

Manchmal stelle ich mir vor, wie es gewesen wäre, er hätte überlebt und später eine Bäckerei gehabt. Dann hätte ich – so mein Gedanke – als Kind zwar einerseits Zugang zu Backwaren aller Art gehabt. Ja, vielleicht wäre ich immer nach der Schule zur Bäckerei gegangen. Der Onkel hätte geschlafen, weil er ja mitten in der Nacht aufgestanden wäre, um zu backen. Aber seine Frau, meine Tante, hätte mir ein Stück Zuckerkuchen vom Blech gegeben und mich dabei angelacht.

Übrigens ein interessanter Gedanke: Irgendwo in der Stadt musste es eine Frau geben, die meinen Onkel geheiratet hätte und meine Tante geworden wäre, die Mutter meiner Cousinen und Cousins. Was aus dieser Frau wohl stattdessen geworden war? Was sie jetzt machte? Vielleicht hatte ich sie nie gesehen, doch möglicherweise sah ich sie auch jeden Tag. Vielleicht war sie die Frau des Bäckers im Dorf, oder sie stand jeden Tag in der Drogerie, ohne eine Ahnung zu haben und einen Gedanken darauf zu verschwenden, dass sie meine Tante hätte sein können.

Vielleicht hätte auch meine Mutter meinen Onkel geheiratet und nicht meinen Vater, und mein Onkel wäre mein Vater geworden und mein Vater mein Onkel.

Und ich wäre jetzt ein Bäcker, der den Laden seines Vaters übernommen hat und zwei Kilo abnehmen will. Und meine Frau würde irgendwo anders leben mit einem anderen Mann, und sie würde zwei Kilo abnehmen wollen, und er würde zwei Kilo abnehmen wollen genauso wie ich.

Wir würden das Gleiche wollen, aber wir wüssten nichts voneinander.

Unerträglich. Ich meine: dass ich meine Frau nicht kennen würde.

Andererseits, wie wäre das Leben der Familie ohne dieses Trauma gewesen? Ohne den Hungertod des Sohnes, Bruders, Onkels, dessen ausgemergelter Körper über uns allen schwebte und mit leiser Stimme mahnte: Esst, esst, esst!

Das ließ sich keiner von uns zweimal sagen. Wir aßen freiwillig. Wenn der Vater aus dem Büro nach Hause kam, gab es *Abendbrot*. Ich war zum Einkaufen zum *Schlachter* geschickt worden, Mettwurst, Leberwurst, Knackwurst, Teewurst, Rotwurst, Mortadella, Bierschinken, Bierwurst, Fleischsalat, dazu Gehacktes, das man mit Zwiebeln würzte. Ein Brot wurde aufgeschnitten (die Mutter aß immer mit spitzen Zähnen das Ende, den

Knust, der müsse auch weg) und mit Margarine, mit *Rama*, bestrichen.

Das sei gesünder als Butter.

Nachmittags kam manchmal meine Tante Elli vorbei, die Schwester des Großvaters. Sie war Weißnäherin und reparierte in der Familie die Wäsche. Immer war sie vorher beim Bäcker gewesen und hatte Puddingbrillen, Berliner, Streuselkuchen gekauft. Ich aß alles ohne Rücksicht auf Verluste, oder sagen wir: ohne Rücksicht auf Zugewinn.

Die reine Freude.

Wir wollen die Kindergeburtstage nicht vergessen, zu denen ich eingeladen war und bei denen ich gekochte Eier mit Remoulade, Würstchen mit Senf und Reissalat aß sowie alle erdenklichen Zuckerwaren, bis mir der Leib schmerzte.

Außerdem: Mehr oder weniger an jedem Wochenende hatte irgendjemand in der Familie Geburtstag, was – es wird jetzt niemanden mehr überraschen – mit einem Kaffeetrinken gefeiert wurde, zu dem es Schwarzwälder Kirschtorte, Frankfurter Kranz, Käsekuchen mit Rosinen, Apfel- und Marmorkuchen gab, alles mit Schlagsahne.

Onkel Hans wäre stolz auf uns gewesen. Wir aßen ganze Konditoreien leer, wobei: Alles war ja selbst gebacken. Vor jeder Familienfeier standen die Tanten und

Großtanten, Mütter und Großmütter mindestens einen Tag lang in den Küchen und buken, buken, buken.

Kaum war die Kaffeetafel abgeräumt, kamen wieder Würste und Brot auf den Tisch, diesmal mit Butter, weil gefeiert wurde, *schmecke ja doch besser als Margarine,* hieß es. Dann von irgendeiner Tante die helle Stimme: *Ach, ich mag Rama auch gerne.*

Manchmal gab es Würstchen, dazu Kartoffelsalat mit Mayonnaise, nichts aß ich lieber als Kartoffelsalat mit Mayonnaise, von Würstchen abgesehen.

Immer wenn ich meine Großmutter besuchte (ich besuchte sie oft, denn ich liebte sie sehr), musste ich essen, egal zu welcher Tageszeit. Als ich größer wurde, wies ich gelegentlich darauf hin, dass ich daheim schon etwas gegessen hätte. Das ignorierte sie und begann zu kochen. Wer behauptet, es sei schwierig, einem kleinen Kind einen Lutscher zu verweigern, der hat nie zu meiner Großmutter gesagt, er habe keinen Hunger.

Später wurden meine Hinweise deutlicher. Aber es hatte keinen Sinn. Sie war tief unglücklich, wenn ich nichts aß, rückte notfalls mit Keksen und Waffeln an, ja sie weinte fast, wenn ich nichts aß.

Ging ich, sagte sie: Du hast ja gar nichts gegessen.

Onkel Hans' Augen folgten mir, wenn ich durchs Zimmer ging. Sein Bild hing an der Wand gleich neben der Tür.

Wen wundert es, dass ich ein dickliches Kind war. Wie hätte ich schlank sein können in dieser Welt?!

Als ich zehn war, begann ich Hockey zu spielen. Auch turnte ich und schwamm, spielte Fußball und schlug mit einem alten Tennisschläger stundenlang den Ball gegen die Hauswand, bis der Nachbar flehte, ob ich nicht aufhören könne, er sei am Rande des Wahnsinns und die Brieftauben, die er züchtete, vergäßen schon die Postleitzahl ihrer Heimatadresse, weil sie irre würden. Ohnehin waren wir damals immer in Bewegung, fuhren mit dem Fahrrad zur Schule, streiften nachmittags im Wald herum.

Das hielt meine Dicklichkeit in Grenzen. Aber ich habe gelernt, dass jede Fettzelle, die man in Kindheit und Jugend heranzüchtet, dem Körper erhalten bleibt. Bis heute wimmern meine Nachkriegsfettzellen vor jedem Metzgerladen und jeder Konditorei herum: Iss, iss, iss!

Nur mein unbeugsamer Wille hält sie in Schach.

Meistens. Manchmal. Gelegentlich.

Als ich in die Pubertät kam, fiel einem der hübschesten Mädchen meiner Klasse ein, man könne mich *Pummel* nennen, nein: *Pummelchen*. Das war fortan mein Spitzname, eine Demütigung. Ausgerechnet jetzt, da ich gerne mit meiner erwachenden Männlichkeit zur Kenntnis genommen worden wäre, verpummelte man mich.

Wenig später begann ich eine Diät. Ich begrenzte jede Mahlzeit streng, aß abends nur noch eine Scheibe Brot mit Wurst, manchmal nichts. Ich versuchte, meinen Spitznamen wegzuhungern, und betrieb mit äußerster Disziplin und auch mit Erfolg meine körperliche Entpummelung.

Aber der Name blieb. Noch Jahrzehnte später fiel es alten Klassenkameraden ein, mich so zu nennen. Ich war schlank, aber ich hieß Pummel.

Meine Familie jedoch war in Panik.

Keine Mahlzeit verging, ohne dass mein Vater mahnte, ich müsse essen, *man könne ja schon auf meinen Rippen Harfe spielen*. Meine Großmutter war so außer sich, dass ich sie nur noch zu Essenszeiten besuchte. Sie wäre mir sonst mit eingepacktem Essen auf die Straße nachgelaufen, hätte ich bei ihr nichts zu mir genommen. Meine Tante stellte ein riesengroßes Stück Frankfurter Kranz ungefragt vor mich hin, wenn ich zu Besuch kam. Gegen Frankfurter Kranz bin ich machtlos wie ein Gazellenkind gegen ein Rudel Hyänen.

Niemals bin ich deshalb in meinem Leben so schlank geworden, wie ich es gerne wäre. Immer bleibt da etwas auf den Hüften, das mich stört. Nie bin ich ohne Neid auf bauchlose Männer. Stets habe ich leichtes Übergewicht, bisweilen auch mittelschweres.

Seltsam ist auch: Geht es mir nicht gut, verfalle ich in

die Essgewohnheiten meiner Kindheit. Eine Streuselschnecke gilt mir als Trost, Bratkartoffeln als Seelenwärmer, ein Wurstbrot erinnert mich an die Sorglosigkeit, mit der wir aßen, nein: an die Art, wie wir uns von Sorgen *losaßen*.

Iss, iss, iss!

Man sieht mir meine Sorgen immer an. Ungefähr in der Mitte meines Körpers sieht man sie.

Ich sehe ihn, den gewölbten Sorgenschwabbel.

Manchmal mehr, manchmal weniger. In Stressphasen mehr. Eine solche Zeit hatte ich, als ich ungefähr Ende vierzig war: Die Angst des selbstständigen Autors, nicht genug Geld zu verdienen, machte mir zu schaffen. Ich wurde plötzlich meines Sodbrennens nicht mehr Herr, und eines Tages bemerkte ich andauernde Schmerzen leicht oberhalb der Körpermitte, ungefähr dort, wo man vom Solarplexus spricht.

Ich ging zu Professor D.

Das kommt vom Magen, sagte er, die Magensäure. Ich solle sechs Wochen lang täglich 80 Milligramm *Pantoprazol* nehmen, ein Protonenpumpenhemmer (ich muss das Wort bis heute jedes Mal nachschlagen, wenn ich es benutzen will), der gegen Magensäure wirke. Dann, sagte er, machen Sie eine Magenspiegelung.

Ich tat, wie mir geheißen.

Die Beschwerden verschwanden. Ich ging zum Gastroenterologen. Vor der Betäubungsspritze (die ich heute, viele Jahre später, geradezu liebe, weil sie mich in einer herrlichen Ohnmacht versinken lässt) fürchtete ich mich so sehr, dass ich die Untersuchung unbetäubt über mich ergehen ließ. Eine Tortur, denn ich musste die Magensonde herunterschlucken, und falls das jemand mal machen möchte, von hier aus nur so viel: Tun Sie es nicht.

Da haben Sie aber *ganz schön was* gehabt, sagte der Arzt.

Was?

Ein Magengeschwür. Das ist wie eine Wunde in der Magenschleimhaut, die den Magen vor der Magensäure schützt. Wenn die nicht wäre, würde sich ja der Magen am Ende quasi selbst verdauen. Außerdem haben Sie eine Hernie.

Was?

Der Übergang vom Magen zur Speiseröhre ist normalerweise durch einen Muskel fest verschlossen. Da ist bei Ihnen eine kleine Öffnung, deshalb dringt leicht Magensäure in die Speiseröhre.

Ich ging wieder zu Professor D.

Sehr gut, sagte er. Er habe das alles im Prinzip gewusst, mir aber nicht gesagt, um mich nicht zu beunruhigen. Früher habe man in solchen Fällen oft einen großen Teil des Magens entfernen müssen, Billroth habe der Professor geheißen, der diese Methode erfunden habe, die

Operationstechniken hießen *Billroth I* und *Billroth II*. Er verlor sich in Erläuterungen, die ich nicht mehr verstand. Es war wie so oft beim Arzt. Ab einem gewissen Punkt will man nichts mehr wissen, sondern nur noch hören, dass es *nicht so schlimm* sei, dass man *keinen Krebs* habe, *nicht operiert* werden müsse und *nicht sterben* werde.

Es ist *nicht so schlimm*, sagte D., Sie haben *keinen Krebs*, Sie müssen *nicht operiert* werden, und Sie werden *nicht sterben*.

Ich seufzte. Und sonst so?

Sie nehmen weiter die Tabletten, aber in geringerer Dosierung, das müssen Sie wegen der Hernie, sonst bekommen Sie Probleme in der Speiseröhre. Jeden Morgen 20 Milligramm. Das macht weiter nichts. Trinken Sie wenig Alkohol oder gar keinen, essen Sie kaum Süßigkeiten und mehr Gemüse, keine scharfen Sachen.

Daran habe ich mich gehalten, von gelegentlichen Ausrastern abgesehen, bei denen ich mich zum Beispiel – von den Geistern meiner Kindheit und den Blicken des Onkels an der Wand getrieben – in eine Konditorei setze und in einem Rausch aus Schwarzwälder Kirsch, Frankfurter Kranz, Käsekuchen mit Rosinen, Apfelkuchen mit Schlagsahne versinke.

In einem Tortentaumel.

Tanz den Onkel Hans!

Iss, iss, iss!

Und was ist mit Wurstbroten?

Esse ich selten. Sehr selten. Fast nie. Um ehrlich zu sein: Ich habe das Wurstleben hinter mir gelassen. Wurst ist Geschichte. Aus mir ist ein Gemüsemann geworden. Aber ist es nicht unglaublich, dass mich im Moment, in dem ich dies hinschreibe, ja, *genau jetzt,* ein ungeheurer Appetit auf ein Leberwurstbrot überkommt? Dass allein das Hinschreiben des Wortes *Wurstbrot* in mir die Phantasie von großen Scheiben frischen Brotes mit fingerdickem, gewürzgurkenverziertem Kalbsleberwurstaufstrich erzeugt und mich quasi zu einem Metzgersklaven macht, der nachher willenlos und fremdgesteuert ein Wurstgeschäft betreten wird und es mit einem großen Wurststück in der Tasche wieder verlassen wird?

Heute Abend!, ruft die Wurst. Kauf mich!, ruft sie. Schau mich an! Riech an mir! Verstreich mich! Iss mich! Du willst es doch auch!

Seufz.

Irgendwo in meinem geplagten Magen wird immer ein Plätzchen sein für Kuchen, Torten und Würste aller Art.

Niemals geht man so ganz, heißt ein Schlager, der einmal berühmt war.

Niemals geht man so ganz
Irgendwas von mir bleibt hier
Es hat seinen Platz immer bei dir
Nie verlässt man sich ganz
Irgendwas von dir geht mit
Es hat seinen Platz immer bei mir

Trude Herr sang das, eine berühmte Kölner Schauspielerin und Sängerin. Aber bei ihr ging es um Liebe und Abschied, nicht um Leberwurst.

Längst lebe ich hauptsächlich von den Gerichten der italienischen Küche, von Obst und Gemüse und Olivenöl, von Müsli und Joghurt, gelegentlich selbstverständlich auch von einem Schweinsbraten oder einem Wurstsalat, denn ich liebe bayerische Wirtshäuser und halte mich oft in ihnen auf. Ich meide Zucker, ich trainiere regelmäßig, ja, ich bin sportlich, war es immer.

Aber nie wird mich die Leberwurst ganz verlassen. Tief in mir steckt eine Sehnsucht nach ihr. Sie wird niemals vergehen.

Nie verlässt die Leberwurst mich ganz
Irgendwas von ihr geht mit
Sie hat ihren Platz immer bei mir

Wussten Sie, welchen Spitznamen Trude Herr hatte?

Pummel. Echt jetzt.

Allerdings hatte Trude Herr, wenn ich so sagen darf, sehr viel weiter ausladende Körperformen als ich. Ich will statt 86 lieber 84 Kilogramm wiegen, am liebsten 82.

Bedenkt man übrigens, dass es rund 70,1 Millionen erwachsene Deutsche mit einem Durchschnittsgewicht von je 77 Kilogramm gibt, so wiegt die erwachsene Bevölkerung insgesamt etwa 5,4 Millionen Tonnen. Reduziert man das um zwei Kilo pro Person, liegen wir nur noch bei 5,26 Millionen, das heißt, die deutsche Bevölkerung wöge 140 000 Tonnen weniger.

Ich habe gelesen, die Elbphilharmonie wiege 200 000 Tonnen. Das heißt, wenn alle erwachsenen Deutschen das Zwei-Kilo-Ziel erreichten, würden sie den Boden unseres Landes nicht einmal um das Gewicht einer Elbphilharmonie entlasten.

Das hat mich enttäuscht.

Irgendwie hatte ich gedacht, wenn man sich solchen Anstrengungen unterzöge, würde sich Deutschland insgesamt quasi anheben, weil der Druck nachließe, gerade in den bevölkerungsreichen Gebieten. Hamburg zum Beispiel bekäme vielleicht eine Steilküste an der Elbe. Vielleicht habe ich auch das Gewicht der Elbphilharmonie unterschätzt, das ist doch ein gewaltiger Brocken. Die 200 000 Tonnen sind ja Leergewicht, also netto. Ich habe auch vom Bratkartoffelwerk einer niederländischen Firma mit einer Jahreskapazität von 140 000 Tonnen gelesen, fast exakt die Gewichtsreduktion der Deutschen bei Erreichen der Zwei-Kilo-Marke, aber das nur nebenbei.

Ich komme mir mickrig vor. Mit meinen kleinen Zielen.

Auch habe ich bei der Gelegenheit herausgefunden, dass die Elbphilharmonie bei Gesamtkosten von 866 Millionen Euro für einen Kilopreis von 4,33 Euro eingekauft worden ist. Dafür bekommt man in diesen Tagen gut 2,5 Kilogramm Kartoffeln oder 270 Gramm Ochsenschwanz guter Qualität, also, ich weiß auch nicht, war das wirklich so teuer, dieses Gebäude? Wenn die Stadt Hamburg, statt die Elbphilharmonie zu errichten, das Geld in Bratkartoffeln oder Ochsenschwanzragout angelegt hätte – wem wäre geholfen gewesen?

Manchmal denke ich darüber nach, wie es wäre, man würde einmal alles ansehen können, was man im Leben je gegessen hat. Wie viel das wiegen würde. Wie viel Raum es einnähme. Welche melancholischen Gedanken (welche Freude aber auch) es erzeugen würde, wenn man langsam um all die sich biegenden Tische herumwanderte, auf denen das ausgestellt wäre. Welches Staunen: Das alles ging durch mich hindurch, hat mich am Leben erhalten, hat mich zu dem gemacht, der ich bin.

Ob ich mich erinnern würde an einzelne Speisen? Ob ich sie zeitlich – wie sagt man? – *verorten* könnte?

Wissen Sie, was schön wäre?

Ich würde mir gerne von all diesen Lebensmitteln zwei Kilogramm aussuchen dürfen, und zwar immer die jeweils ersten meines Lebens: einmal noch in die erste Puddingschnecke meines Lebens beißen, einmal die erste Orange schmecken, einmal die Erbsen aus dem Garten meiner Mutter, einmal den ersten Kartoffelsalat und einmal das erste Brot mit Gehacktem und Zwiebeln. Aber ich möchte dabei – jetzt, als Erwachsener – noch einmal das Gefühl haben, das ich damals hatte, mit vier oder fünf oder sechs Jahren, genau jenes Gefühl.

Ob sich das bitte machen lässt?

Darm

Ich hatte Geburtstag. Die Familie saß um den Esstisch herum. Meine Frau überreichte mir ein Geschenk. Eine schöne, alte, runde, silberne Schatulle mit einem Deckel zum Aufklappen.

»Für deinen Flohsamen«, sagte sie.

»Für deinen Flohsamen …«, kicherte eines der Kinder, damit eine Runde kreischenden Gelächters einläutend.

Flohsamen. Ich musste das erklären, aber erst nachdem sich alle beruhigt hatten.

Das dauerte.

Es handelt sich hier um die Samen des Indischen Flohsamenkrauts, eines Verwandten des Spitzwegerichs. Ich glaube, sie heißen Flohsamen, weil sie Flöhen ähneln. Wichtig sind ihre Schalen, die Flohsamenschalen also, die man gemahlen in Form eines beigefarbenen Pulvers zu sich nimmt. Das wird in Wasser gelöst, man lässt es quellen, dann trinkt man den Schleim, wirklich eine Art *Schleim*, nichts Appetitliches, aber bitte, dieses Schleimprodukt wurde mir von einem Gastroenterologen nach einer Darmspiegelung empfohlen. Also trinke ich.

Es sind Ballaststoffe.

Sie werden vom Körper nicht aufgenommen, sondern rutschen durch, binden dabei aber jede Menge Flüssigkeit, quellen auf und vergrößern auf diese Weise, wie der Arzt zu formulieren beliebte, *das Stuhlvolumen*. Auch enthalten sie Öl, das im Darm einen Schmierfilm bildet und so den Stuhltransport erleichtert.

Alles in allem wirken sie stuhlregulierend, stuhlstrukturierend.

Bitte sprechen Sie mir leise die Vokabeln der Stunde nach: Stuhlvolumen, Stuhltransport, Stuhlregulation, Stuhlstruktur.

Interessant übrigens, dass die engsten Mitarbeiter englischer Könige einst die *Grooms of the Stool* waren, Toilettendiener, die den Chefs auf dem Klo behilflich waren, sie dort mit Seife, Wasser und Tüchern versorgten und …

Auf der Seite *tudorsociety.com* las ich: »Es gibt eine gewisse Debatte, ob der *Groom of the Stool* auch dafür verantwortlich war, dem König den Hintern zu wischen oder nicht, wobei einige glauben, dass er das tat, andere hingegen denken, dass seine Pflichten nicht bis zu diesem Extrem reichten.«

Ich würde viel darum geben, mal bei einer Fachtagung dabei zu sein.

Nebenbei gesagt, war das Amt sehr begehrt. Kaum jemand sonst kam dem König so nahe und war ihm so vertraut, derart übrigens, dass der *Groom of the Stool* auch die abgelegte Kleidung seines Chefs auftrug. Immer erledigten die Stoolgrooms auch andere Aufgaben. Der Stuhlgang allein beschäftigt ja keinen den ganzen Tag, allenfalls bei Diarrhö.

Die Grooms hatten die Hoheit über des Königs Privatgemächer und das Personal. Sie waren von hohem Adel.

Der letzte dieser Art war James Hamilton, zweiter *Duke of Abercorn*, der Albert Edward, dem Prinzen von Wales, und dessen Hintern diente. Als dieser (also Albert Edward, nicht der Hintern) dann Anfang des 20. Jahrhunderts König wurde (als Edward VII.), schaffte er das Amt des Stoolgrooms ab. Des Dukes jüngster Sohn, Lord Claud Hamilton, stand bis zu seinem Tod 1975 in Diensten Elizabeths II. als *Extra Equerry*, eine sehr herausgehobene Funktion im königlichen Haushalt.

Aber wir waren bei Flohsamenschalen.

Sie beugen der Verstopfung vor. Und wer mal unter einem so entsetzlichen Verstopfungsanfall gelitten hat wie ich vor Jahren … Also ich verreise nie mehr ohne Flohsamenschalen. Immer habe ich meine kleine Silberschatulle bei mir. Jeden Tag rühre ich meine Dosis an.

Volumenvergrößernd. Transporterleichternd. Stuhlstrukturierend.

Ich saß während dieser Obstipationsattacke (der am Ende wirkungsvoll nur mit einer Klistierspritze zu begegnen war) mit etlichen fruchtlosen Unterbrechungen immer wieder lange auf der Toilette, der Unbotmäßigkeit meines Enddarms ausgeliefert, in den Tiefen meines Leibes einen bewegungslosen, schweren Stein beherbergend, über dem sich peu à peu eine Kotsäule wie ein zweites Rückgrat zu bilden schien, die anscheinend nach und nach meinen Körper ausfüllte, wie sich an bestimmten Wochenenden Tausende von Autos an Baustellen stauen.

Stöhnend, ächzend, wimmernd hockte ich da, von der Angst erfüllt, die angestrengten Versuche, den Klotz im Gedärm zu gebären, könnten Adern platzen lassen und zu einer Hirnblutung führen – übrigens keine komplett abwegige Furcht, wie mir mein Freund M. versichert, der als Notarzt in Jahrzehnten mehrere solcher Todesfälle erlebt hat. Man würde mich tot auf der Schüssel finden, fürchtete ich, als verkrümmtes Verstopfungsopfer.

Der Pathologe würde sagen: Er hatte es fast geschafft …

Ich dachte in diesen Stunden der Qual an meinen Vater, der so viele Stunden auf der Toilette verbracht hatte. Verstopfung war eines seiner Hauptleiden. Es gab Tage, da reichte ihm die Tageszeitung mit ihren dürftigen Nachrichten nicht, sie war zu dünn für die Stunden auf der Schüssel. Also griff er zur *ZEIT* oder zum schon aufgrund seines Formates geeigneteren *Spiegel*, er las *Sommer*, er las *Augstein*, lange, kluge Texte. Wartete. Und war auf diese seltsame Art politisch gebildet.

Hätte mein armer Vater, denke ich heute, gewusst, was wir wissen! Hätte er mehr getan für den trägen, die Funktion verweigernden Muskelschlauch in seinem Inneren. Höherer Gemüseverzehr, mehr Obst! Er nahm Knoblauchdragees von *Ilja Rogoff* zu sich, weil er am liebsten 130 Jahre alt geworden wäre wie ein russischer, kaukasischer oder bulgarischer Bergbauer, der Rogoff angeblich gewesen ist. (Vielleicht hat es ihn auch nie gegeben, nur als Werbefigur.) Dem Darm half es null Komma null.

Flohsamenschalen nahm er nicht. Er ahnte nichts von ihnen. Er hatte keinen Schimmer vom Ökosystem in seinem Inneren. Von den mehr als fünf, ja in manchen Fällen acht Metern Länge, die ein Darm haben kann. Von den dreißig bis vierzig Quadratmetern, die seine Oberfläche ausgebreitet umfassen würde, größer als das bescheidene Zimmer, das Vater mir als Student bezahlte. (Wobei man sagen muss: Die Variationsbreite der menschlichen Darmlänge ist sehr groß, es gibt sehr kurze und ungeheuer lange Därme, alles vorhanden.)

Und er hatte nie etwas gelesen von den Milliarden Bakterien, die sein Intestinum besiedelten, das *Mikrobiom*, das praktisch ein eigenes Organ ist. Er war ein von winzigen Lebewesen Bewohnter, ohne sich dieser Bewohnung bewusst zu sein. Ein Wirt, der seine Gäste nicht kannte, ja *nicht einmal wusste, dass er sie hatte.*

Selbst uns Heutigen fällt noch die Kinnlade herunter, wenn wir hören, dass in jedem Gramm Darminhalt mehr Mikroben hausen, als es Menschen auf der Erde gibt.

Mein Gott, jeder von uns beherbergt ein Weltall von Lebewesen! Ein mit dem Hirn ständig kommunizierendes, von ihm jedoch unabhängiges Wunderwerk, denn hätte das Hirn die ungezählten winzigen Schaltkreise zu steuern, die den Nahrungstransport in Gang halten, müsste es um ein Vielfaches größer sein! Eine bis heute gerade mal im Ansatz verstandene Verarbeitungsfabrik, in der unentwegt – Hormone produzierend, Botenstoffe herstellend, Nahrung aufspaltend, Giftstoffe abbauend, Schleimhaut regenerierend, das Immunsystem in Gang, Keime in Schach haltend, das Seelenleben beeinflussend – zu unserem Besten geracktert wird, während wir Stuhlfabrikanten gedankenlos kackend, kotend, scheißend, abprotzend, defäkierend, abführend und herumfurzend auf deutschen Porzellanschüsseln und sibirischen Donnerbalken hocken, während wir stehend italienische *ga-*

binetti alla turca und spanische Senkgruben füllen und hinter griechischen Gebüschen und auf japanischen Luxusklos unseren Notwendigkeiten gehorchen.

Man hat in wissenschaftlichen Versuchen Mäusen die Darmflora von Menschen mit sozialen Phobien transplantiert. Folge: Die Tiere waren plötzlich auch ängstlich.

Hätte mein armer Vater einen Schimmer davon gehabt, dass seine Ängste und Verstimmungen, sein bisweilen cholerischer Zorn und dann wieder seine endlose Vorsicht dem Leben gegenüber etwas mit seiner Darmflora zu tun gehabt haben könnten, hätte das alles sicher weniger lastend auf seiner Seele gelegen.

Ich dachte auch, auf der Toilettenbrille grübelnd, an Philip Roth und *Portnoys Beschwerden*, an den Vater Alex Portnoys, des Titelhelden, »mein Vater, der mit einem Zäpfchen im Hintern die Abendzeitung las«, der, wenn er bei seinen stundenlangen Sitzungen von seiner Frau gerufen wurde, aufschrie: »Kann ich bitte in Ruhe gelassen werden?« Und flehte: »Kann ich bitte ein wenig Frieden haben, damit ich hier drin endlich mal zu Potte komme?« Der den Mund aufmachte, hineinzeigte und zu seinem Sohn sagte:

Schau mal rein. Siehst du die Stelle, wo es dunkel wird? Das ist nicht einfach dunkel – das sind die Backpflaumen, die mir bis dahin stehen, wo früher meine Mandeln wa-

ren. Gott sei Dank habe ich mir die Dinger rausnehmen lassen, sonst wäre da jetzt gar kein Platz.

Backpflaumen.

Wenn es ernst wird und der Stuhl steinhart, helfen sie meiner Erfahrung nach nicht mehr. Nimmt man sie aber unbedacht zu sich, kann passieren, was mir einst geschah, als ich morgens in einem Hotel acht oder neun vom Büfett aß, idiotischerweise, gedankenlos.

Gleich darauf traf ich einen alten Bekannten in der fremden Stadt. Wir tranken einen Kaffee zusammen und gingen dann in Richtung meines Hotels zurück, das auf dem Weg zu seinem Büro lag.

Als ich die Pflaumenwirkung spürte!

Als ich sie radikal spürte.

Ich hatte sehr plötzlich das Gefühl, ich würde hier auf der Stelle explodieren, vor dem Hotel, als Stuhlbombe die ganze Umgebung verheerend, wenn ich nicht sofort …

Doch mein Bekannter redete weiter. Noch eine Geschichte fiel ihm ein, eine weitere Anekdote, eine dritte. Er war eine Plaudertasche, die nicht ahnte, dass vor ihr eine scharfe Pflaumengranate stand.

Ich trat von einem Bein aufs andere, sah mich schon mit voller Hose vor ihm stehen, sah mich ihm um die Ohren fliegen bei seinem Gezwetsch, äh, Geschwätz. Ich stellte mir die Zeitungsmeldung vor, *Darmkatastrophe vor Innenstadthotel,* bis ich ihm in meiner Verzweiflung mitten in einem seiner Sätze ein

ALSO TSCHÜSS DANN, DU!!!

entgegenschrie, ja *ins Gesicht heulte* und mit zusammengepressten Beinen vor dem Verdutzten flüchtend ins Haus rannte, die Treppe hoch, *wo ist der Zimmerschlüssel, diese Karte, wo?, wo?, WO?,* ins Bad drang, mir die Hose herunterzerrend endlich AUF DEN POTT sank, ja, meinen Hintern in die Schüssel stülpte und diesen schönen Ausdruck *sich erleichtern* noch etwas besser verstand, denn ich spüre noch heute die Erleichterung von damals.

»Danke, Darling, für die Schatulle, ein wunderbares Geschenk!«, sagte ich, mich aus der Geburtstagsrunde erhebend, meine Frau umarmend und in die wiederum kreischende Runde prostend.

Lunge

Einatmen. Ausatmen.

Einatmen. Ausatmen.

Ist es nicht seltsam, dass ich jeden meiner größeren und bedeutenderen Körperbestandteile regelmäßig untersuchen lasse, vom Herzen bis zum Darm, von der Haut bis zum Unterleib, dass ich mir aber kaum Sorgen um meine Lunge mache? Ohne die es nun wirklich nicht ginge. Ja, es scheint, als sei die Lunge ein so selbstverständlich funktionierendes Organ, so unauffällig arbeitend, so unterschätzt in ihrem ständigen Wirken, dass man sie bisweilen vergisst.

Einatmen.

Selbst Thomas Mann, dessen Frau wegen einer Lungenkrankheit jenes Sanatorium in Davos aufsuchen musste, in dem er sie dann besuchte und das daraufhin die Inspiration für den *Zauberberg* war, einen Roman, der von Lungenkranken handelt, selbst Thomas Mann also, dem aus diesem Grund wie sonst niemandem die Gefahren einer Lungenerkrankung vor Augen stehen mussten und dessen Tagebücher voll sind von hypochondrischen Selbstbetrachtungen, ja, Thomas Mann, wie gesagt …

Ausatmen. Einatmen.

Mein Gott, wie lange dauert dieser Satz noch?

… Thomas Mann jedenfalls schrieb – als er selbst 1946 in den USA an einem Karzinom erkrankt war und sich einer Teilresektion der Lunge unterziehen musste – über die entsprechende Nachricht des Arztes: »Ich war mehr verwundert als erschrocken, denn nie hatte ich gedacht, daß mir von den Atmungsorganen her je irgendwelche Gefahr drohen werde.«

Ausatmen. Einatmen.

Nie hatte er gedacht …

Thomas Mann hatte das nie gedacht!

Ausatmen. Einatmen. Ausatmen.

Einmal hatte ich eine Lungenentzündung. Ich ging zu Professor D., der schickte mich zum Röntgen, ich kam zurück, ja, Lungenentzündung, sagte D., der Röntgenologe habe es bestätigt. D. verschrieb mir Antibiotika. Ich war so schlapp, dass ich mich nur langsam zur Apotheke, dann nach Hause schleppen konnte, wir sprechen von hundert Metern. Ich ging sie, als hätte ich einen Marathon hinter mir. Ich hatte Fieber.

Aber Folgendes ist interessant: Eigentlich sorgte ich mich nicht. D. hatte mir auch nicht das Gefühl gegeben, ich sei ernsthaft erkrankt. Erst später las ich, dass man an einer Lungenentzündung sterben kann.

Sterben!

30 000 Tote jedes Jahr in Deutschland. Nach Lungenentzündungen.

Sterben!

Ich.

Ich habe nie geraucht, immer Sport getrieben, bin fast jeden Tag an der frischen Luft. Wussten Sie, dass frische Luft nicht deswegen so guttut, weil sie so frisch ist (ist sie in manchen Städten ja gar nicht), sondern weil sich, wenn man lange in einem Raum saß, die Luft dort durch das Ausatmen verändert hat? Sie enthält mehr Kohlendioxid, und weil man das wiederum zurück einatmet, hat man auch mehr CO_2 im Blut.

»Sie fühlen sich unwohl«, hat dazu der Pneumologe Kai-Michael Beeh in einem Interview mit dem *Süddeutsche Zeitung Magazin* gesagt. Und weiter: »Öffnen Sie das Fenster und atmen tief ein, normalisiert sich der Spiegel in Ihrem Blut schlagartig, und es geht Ihnen besser.«

Beeh hat ein Buch über die Lunge geschrieben. Habe ich auch gelesen, aber nur für diesen Text hier. Normalerweise hätte ich nie ein Lungenbuch zur Hand genommen. Herzwerke schon eher.

Würde man meine Lunge herausnehmen und ausbreiten, bedeckte sie eine Fläche von 70 Quadratmetern. Der aktuelle Mietspiegel in München weist eine durchschnittliche Quadratmetermiete von 22 Euro aus, das sind 1540 Euro für 70 Quadratmeter. Es ist also kostengünstig, dass die Lunge sich zusammengefaltet im Körper befindet, sonst könnte ich mir München nicht leisten und müsste für 370 Euro Lungenkaltmiete nach Plauen ziehen.

Ich hatte Freunde, die an den Folgen von Darmkrebs starben. Am Tag darauf meldete ich mich zu einer Darmspiegelung an.

Zwei andere Freunde kamen infolge von Bauchspeicheldrüsenkarzinomen zu Tode. Natürlich hatte das meinen sofortigen Besuch beim Gastroenterologen zur Folge.

Seit mein Vater den Herztod starb, bin ich regelmäßig beim Kardiologen.

Noch bevor dem ersten Bekannten die Prostata entnommen wurde, bat ich jährlich einmal den Urologen, seinen Untersuchungsstab in meinen Hintern zu schieben.

Beim Lungenarzt war ich nie.

Es gibt auch kaum welche. Beeh rechnet vor, im Jahr 2012 seien in Deutschland 10 000 Mediziner als Fachärzte anerkannt worden, darunter nur 90 Lungenspezialisten.

Einer meiner besten Freunde rauchte bis zu drei Packungen Zigaretten am Tag. Er hatte schließlich COPD, *chronic obstructive pulmonary disease,* eine nicht heilbare Lungenerkrankung, bei der die Atemwege entzündet sind und sich immer weiter verengen. Mein Freund litt elend, er konnte nur mithilfe einer Apparatur atmen, die er bei sich trug, ein Schlauch hing in seiner Nase, und selbst der morgendliche Weg unter die Dusche wurde ihm zu einer furchtbaren Qual. Ging man mit ihm aus einer Gaststätte zum Auto, hing er zehn Minuten lang röchelnd an der Pkw-Tür.

Einen Lungendoktor kenne ich trotzdem nicht.

Die Lunge habe es »nie geschafft, den gleichen Glamour wie beispielsweise das Herz zu erfahren«, hat Beeh gesagt. Das Herz ist neben dem Hirn der Star unter den Organen.

Als ich vier Jahre alt war und gerade genesen von den Folgen jenes Motorroller-Unfalls, besuchten wir meinen Onkel zu einem Familienfest. Der Onkel war Bauer und hatte einen großen Hof, hinter dessen Wohnhaus sich eine parkähnliche Anlage mit zwei Teichen befand. Am Rand dieser Teiche befanden sich Trauerweiden. Die Kinder spielten nach dem Essen am Nachmittag mit Weidenruten, die von den Bäumen stammten. Weil ich als Einziger noch keine Rute hatte, versuchte ich, einen Zweig, der über dem Wasser hing, zu erreichen, um ihn abzureißen.

Ich beugte mich weit, weiter und weiter …

… und fiel ins Wasser.

Natürlich konnte ich nicht schwimmen.

Die Spielkameraden – alles Cousins und Cousinen – alarmierten meinen Vater, der mich aus dem Wasser zog und aus jenen Momenten befreite, in denen ich in die Tiefe sank und glasklar die Wurzeln der Bäume vor mir sah, die vom Ufer ins Wasser hineinwuchsen, jenes Bild, das beinahe das letzte gewesen wäre, das ich im Leben sah, bevor meine Lunge sich mit Wasser gefüllt und ich ein kleines Grab bekommen hätte.

Was waren die Folgen?

Ich nenne die wichtigste. Über lange Zeit bekam ich unter Wasser Panikanfälle. Ich hatte Angst vor Wasser überhaupt. Ich lernte spät schwimmen. Mein Vater ging mit mir einmal in der Woche zu einem Schwimmlehrer. Herr Ruth war sein Name. Oder schrieb er sich Rutt? Monatelang mühte er sich ab, vergeblich. Ich hatte im Wasser eine solche, für ihn unbegreifliche Angst, dass ich nur hektisch zappelte, statt Schwimmbewegungen zu machen.

Ich schwamm nicht, weil ich das Ersaufen fürchtete, obwohl nur Schwimmen das Ersaufen verhindern kann.

Nie werde ich vergessen, wie Herr Ruth oder Rutt nach drei Monaten – als mein Vater beschlossen hatte, die Sache sei sinnlos und zu teuer – vor mir stand und ratlos sagte: »Ja, Axel, wie verbleiben wir?«

Die Antwort blieb offen. Wir verblieben nicht.

Einatmen. Ausatmen.

Ich lernte das Schwimmen erst im Gymnasium, als wir es können *mussten*, wir gingen so lange mit einem Sportlehrer ins Schwimmbad, bis wir es draufhatten. Und ich hatte es auch bald drauf. Die Konkurrenz durch die Klassenkameraden trieb mich an.

Heute schwimme ich viel. Ich konnte, bis ich etwa fünfzig war, eigentlich nur Brustschwimmen. Als der Orthopäde mir erklärte, das sei schlecht für die Halswirbelsäule, brachte ich mir das Kraulen bei. Im Sommer gehe ich fast jeden Tag schwimmen, im See, im Bad, im Meer, eine Dreiviertelstunde lang. Keine Sportart trainiert so gleichmäßig und mit geringen Gelenkbelastungen den Körper, nach keinem Training fühlt man sich so erfrischt. Aber wenn ich ehrlich bin, liebe ich einfach das gleichmäßige Gleiten des Körpers im Wasser, die Beherrschung des Elements, das Schweben, Sichtragenlassen und vor allem das damit verbundene ruhige, beständige Atmen: Lunge füllen, Lunge leeren, ohne Angst, verstehen Sie? Ohne die wiederkehrenden Erstickungsattacken der Kindheit im Wasser.

Einatmen. Ausatmen.

Als Kind sollte ich bei einer Geburtstagsfeier meines

Großvaters ein Gedicht aufsagen. Ich lernte es, aber als ich es aufsagen sollte, weigerte ich mich – und zwar standhaft. Ich verließ das Zimmer und ging auf den Flur, wo meine Eltern mich mit Überredungen, Drohungen, Beschimpfungen zum Aufsagen zwingen wollten. Ich tat es nicht, bis sie mich allein auf der Treppe sitzen ließen. Eine Tante kam und tröstete mich.

Wenige Tage später war ich wieder bei den Großeltern, diesmal ohne Eltern. Irgendwann im Lauf des Nachmittags fand ich mich an der Brüstung zur Treppe stehend, dort, wo ich das Gedichtaufsagen störrisch abgelehnt hatte. Es geschah etwas, das ich mir nicht erklären konnte, das mich aber für längere Zeit immer wieder in ratlose Panik versetzte, wenn das Phänomen zurückkehrte.

Ich konnte nicht mehr tief durchatmen.

Jedenfalls dachte ich das. Es war, als sei da eine Sperre, als könne ich den Brustkorb nicht weiten, weil er eingeschnürt sei. Mir war nur flaches Atmen möglich, nicht mehr das große Lungenfüllen.

Einatmen.

Das ist also das Ende, dachte ich als Kind, erst beinahe ertrinken und jetzt langsam ersticken. Ich kann nicht mehr richtig atmen. Es ist die Strafe, dachte ich weiter, weil ich das Gedicht für den Großvater nicht herbeten wollte. Hätte ich es doch getan! Dann müsste ich nicht hier nach Luft ringend über der Brüstung hängen.

Ausatmen.

Es war mir unmöglich, darüber mit meinen Eltern zu reden. Sie waren in jenen Jahren belastet durch eine schwere Krankheit des jüngeren Bruders. Es war meine Aufgabe, gesund zu sein und keine Schwierigkeiten zu machen. So war es immer. Ich behielt die Sache für mich, versuchte, die seltsame Atemsperre zu vergessen. Wenn ich sie vergaß, war sie ja weg. Erinnerte ich mich ihrer, kehrte sie zurück.

Einatmen. Ausatmen.

Einmal, Jahrzehnte später, geriet ich nach meiner Scheidung und der Trennung von den Kindern in eine Lebenskrise. Ich erinnere mich an eine Zeit der Ratlosigkeit und des Suchens. Ich taumelte in der Stadt umher zwischen Tinnitustherapeuten, homöopathischen Kügelchenberatungen, Bluthochdruckanalytikern, Kopfwehbehandlungen und Rückenschmerzbeseitigungsversuchen.

In dieser Zeit besuchte ich eine seltsame Frau, die mich in einem dämmrigen, von allerlei indischem Raumschmuck verzierten Raum auf eine Pritsche bahrte, mit einer Art Stethoskop meine Bauchgeräusche abhörte und dies in Massagebewegungen übersetzte, die geradezu ins Sexuelle gelappt hätten, wäre da nicht die sensationell abtörnende Lauschangriffsapparatur auf meiner Bauchhaut gewesen.

Schließlich sagte sie, ich solle bitte tief und schnell atmen, tiefer und schneller als normal, weiter, weiter.

Ich tat es.

Ich hyperventilierte weisungsgemäß, ohne damals zu wissen, was Hyperventilation ist. Und vor allem, was sie bewirken kann. Bis heute weiß ich nicht, was die Frau erreichen wollte. Jedenfalls gelangte (wovon ich in diesem Moment keine Ahnung hatte) zu viel Sauerstoff in meine Lunge und zu viel Kohlendioxid entwich, dadurch sank der Kalziumspiegel im Blut, Nerven und Muskeln wurden gereizt.

Kann man alles nachlesen. Habe ich auch getan. Später.

Meine Beine kribbelten. Meine Arme wurden taub. Mir war schwindlig.

Ich sterbe!, rief ich. *Was ist da los?! Was haben Sie getan?! Ich sterbe!*

Meine Hände verkrampften sich.

Die Frau sprang auf, rannte zu einer Kommode, riss eine Schublade auf, kramte eine Plastiktüte heraus und hielt mir die Öffnung vors Gesicht.

Hineinatmen, befahl sie, atme da hinein!

Ich siezte sie wie meine Atemherrin, sie duzte mich als Atemsklaven.

Einatmen, Ausatmen. Rein in die Tüte, raus aus der Tüte.

Man atmet – heute kann ich es erklären – auf diese Weise das Kohlendioxid aus der Lunge in die Tüte hinein und auch wieder aus der Tüte heraus, also in die Lunge zurück, wo sich die Verhältnisse normalisieren. Ist wie bei der frischen Luft, nur andersherum.

Nach einer Weile kam ich zu mir.

Der Abschied war kurz. Wir sahen uns nie wieder.

Ist es nicht unglaublich, wie sich durch reines Atmen zuerst die Stoffverhältnisse im Blut verändern und danach die Seelenzustände? Dass man sich also auf dem Weg über die Lunge und das Herz und das Blut und das Hirn in kürzester Zeit selbst in Todesangst versetzen kann?

Einatmen. Ausatmen.

Geht das bitte auch umgekehrt? Kann man sich durch Atmen von Angst befreien, statt sich in sie zu versetzen?

Ja, ja, ja. Es geht.

Seufzen hilft zum Beispiel.

Im Internet herumstromernd, las ich einen Satz von David Spiegel, Direktor des Zentrums für Stress und Gesundheit an der Stanford University: »Regelmäßiges Seufzen hilft recht schnell, sich selbst zu beruhigen. Viele Leute fühlen sich, wenn sie das dreimal hintereinander tun, sofort erlöst von Angstgefühlen und Stress.« Kontrolliertes Atmen sei bisweilen besser als Meditation, allein weil man sich nicht erst hinsetzen und versenken müsse. Man könne direkt in der beunruhigenden Situation ein paarmal seufzen, schon werde alles besser.

Oder nein, nichts wird besser, man kann das Elend der Welt ja nicht wegseufzen, schade im Grunde.

Aber man wird ruhiger.

Der *Sportärztezeitung* entnahm ich vor Jahren, »dass wir durchschnittlich 12 mal pro Stunde seufzen«, Weltlage hin, Wahlergebnisse her. Es ist so: Bei normaler Atmung kollabieren viele unserer Hunderte von Millionen Lungenbläschen. Jene in entlegeneren Sektoren der Lunge werden nicht ausreichend mit Luft aufgefüllt. Erst das tiefe Einatmen beim Seufzen versorgt sie wieder mit Sauerstoff, das lange Ausatmen schafft das Kohlendioxid beiseite. Deshalb produzieren Beatmungsgeräte auf Intensivstationen gelegentliche Seufzer. Wie interessant ist das nun wieder!

Seufzen ist gesund. Zweimal durch die Nase einatmen, einmal lang, einmal kurz, dann lang durch den Mund ausatmen, bitte schön …

Einatmen. Einatmen. Ausatmeeeen.

Das nennt man den *physiologischen Seufzer*. Warum gibt es keine Kurse *Bewusstes Seufzen* in den Volkshochschulen, warum haben wir keine persönlichen Seuf-ZEN-Meister? Ist nicht überhaupt das Seufzen die Körperäußerung unserer Zeit? Lässt sich das Leben in diesen Jahren nur noch seufzend ertragen?

Einatmen. Einatmen. Ausatmeeeen.

Wissen Sie, was kurios ist? Ausgerechnet gestern rief mir meine Lieblingsbuchhändlerin hinterher, als ich mit Beehs Buch unterm Arm den Laden verließ: ob ich wisse, welches Schulfach sie einführen würde, wäre sie Bildungsministerin.

Nein.

Atmen, rief sie, die Leute würden alle nicht richtig atmen.

Was für ein schöner Gedanke! Papa, Mama, ich habe eine Eins in Atmen!

Einatmen durch die Nase. Ausatmen durch den Mund. Sagt meine Pilates-Trainerin immer.

Und heute – tatsächlich heute! – steht ein großer Artikel über das richtige Atmen in der *Süddeutschen Zeitung*. Wie wichtig es sei! Dass kontrolliertes Atmen bei Schlafstörungen helfen könne, den Blutdruck senke, den Puls reguliere, Depressionen bekämpfe und chronische Schmerzen lindere. Panikattacken bekämpfe man durch zehn tiefe Atemzüge in den Bauch hinein, und bekanntlich heiße es, bei Stress solle man tief einatmen. Wenn er vorbei sei, atme man auf.

Einatmen. Ausatmen.

Aufatmen.

Üblicherweise, lese ich, atmeten Menschen zehn bis vierzehn Mal pro Minute. Reduziere man das auf sechs

Atemzüge, habe es vielfältige Auswirkungen auf die Gesundheit. Man gaukele dem Körper vor, er schlafe. Das führe logischerweise zu einem Gefühl tiefer Entspannung.

Das hat nur teilweise mit der Lunge zu tun, mehr mit dem vegetativen Nervensystem, bei dem wir vom Sympathikus und Parasympathikus sprechen, wunderbare Begriffe.

Was ist bloß mit dem Unsympathikus?

Einatmen. Ausatmen.

Der Sympathikus macht den Menschen handlungsfähig, beschleunigt Atmung und Herzschlag, kümmert sich um gute Sauerstoffversorgung. Des Parasympathikus' Thema ist die Entspannung, er gibt dem Gehirn beruhigende Zeichen. Die Folge: langsamerer Herzschlag, sich lockernde Muskeln. Der Parasympathikus ist beim Ausatmen aktiver, der Sympathikus beim Einatmen.

Wer gelassener sein will, tut gut daran, sich um seine Ausatmung zu kümmern. Länger ausatmen als einatmen, ganz entspannt.

Einatmen vier Sekunden. Ausatmen sechs Sekunden.

Das zwei Mal je zehn Minuten pro Tag, empfiehlt der Psychosomatiker Thomas Loew. Er nennt das 4-6-10-Methode, 4 Sekunden ein, 6 Sekunden aus, 10 Minuten lang. Wirke wie ein Medikament gegen zu hohen Blutdruck. Muss man aber *machen*. Wird nicht mit einem gemacht. Kann nicht jeder so einfach. Muss man üben.

Einatmen. Auuusaaatmeeen.

Ich bin begeistert und beschließe, hundert Jahre alt zu werden, immer weiter atmend, einfach atmend.

Ein. Auuuus. Und wieder ein, immer wieder ein.

Knie

Es mag verwundern, dass mein dauerhafter Knorpelschaden im linken Knie allerletzten Endes auf Tolstoi zurückgeht. Lew Tolstoi.

Meine Frau und ich waren in Barcelona, zwei Urlaubswochen. Von dort sollte es nach Madrid gehen. Wir bummelten durch die Stadt, als ich einen Anruf bekam: Ich solle in zwei Wochen (also direkt nach den Ferien) am *Literarischen Quartett* teilnehmen. Es sei vorgesehen, sich mit dem neuen Roman von Christoph Ransmayr und einem Essayband namens *Sentimentale Reisen* von Joan Didion zu beschäftigen, dazu mit *1933 war ein schlimmes Jahr* von dem mir unbekannten Amerikaner John Fante. Und mit einer Neuübersetzung von Tolstois *Auferstehung*.

Es war entsetzlich.

Mir war klar, dass ich dorthin reisen würde, um an der Sendung teilzunehmen. Ich bin zu neugierig, um so etwas nicht zu tun. Auch schmeichelte mir die Einladung zu sehr, um sie abzulehnen. Ich bin eitel und erfolgsorientiert.

Aber ich hatte weder *Cox* von Ransmayr noch die Aufsätze von Didion gelesen. Von Fante hatte ich, wie gesagt, nie gehört. Und ein Tolstoi-Experte bin ich echt nicht. *Auferstehung* hat 720 Seiten, *Cox* 304, bei Didions *Reisen* sind es 336, und Fantes Buch umfasst Gott sei Dank nur 144. Ich liebte ihn schon jetzt, Fante, ein Mann, der sich knapp zu fassen weiß. Wusste. Er ist ja schon 1983 gestorben.

Außerdem mag ich Fernsehauftritte nicht. Ich höre lieber anderen zu, als selbst zu reden, das war immer so. Für *Talk-Shows* ist das kein gutes Konzept. Warum gibt es keine *Listen-Shows*? Das wäre mein Ding.

Jetzt hatte ich also gerade diesen Anruf bekommen, stand auf einem der riesigen Bürgersteige in Barcelona, steckte das Telefon ein und beantwortete die Frage meiner Frau, wer das denn gewesen sei.

Man hat mich ins *Literarische Quartett* eingeladen, sagte ich.

Es klang wie: *Es ist alles aufgeflogen, wir können nicht mehr nach Deutschland zurück.*

Oje!, seufzte sie.

Es gibt Frauen, die ihrem Mann um den Hals gefallen wären und *Ist doch toll!* gerufen hätten, *Ich bin stolz auf dich, du in dieser berühmten Sendung.* Aber meine Frau kennt mich zu gut, um so etwas zu sagen. Sie wusste, was kommen würde: ein ganzkörperversteifter Typ, der tagelang abwesend neben ihr durch Barcelona taumeln würde, nachts seinen verschwitzten Pyjama würde wechseln müssen und im Schlaf vom Fürsten Nechljudow und der jungen Katharina Maslowa lallen würde.

Aber es kam noch mal anders.

Wir beschlossen, in einen anderen Stadtteil zu fahren und in einem Café eine Pause zu machen. Ich trat an den Rand des Bürgersteiges und winkte einem Taxi. Der Wagen scherte aus dem Verkehrsstrom aus und fuhr auf mich zu. Ich trug leichte Lederschuhe mit einer glatten Sohle. Weil ich nicht auf den Boden achtete, sondern auf das Auto, und weil ich in Gedanken bei Tolstoi war, Lew Tolstoi, rutschte ich auf den glatten Steinen der Bürgersteigkante aus und stürzte: mit dem linken Knie genau auf diese Kante.

Es tat sehr weh.

Ich fluchte und heulte vor Wut.

Wir fuhren ins Hotel. Ich zog meine Hose aus und betrachtete das Knie. Es war ordentlich geschwollen und schmerzte.

Was soll ich tun?, jammerte ich.

Vielleicht rufst du R. an?, schlug meine Frau vor.

R. ist seit Jahrzehnten mein Physiotherapeut.

Seit ich ihn kenne, behandelt nur noch er mich als *Physio*, wie wir Stammkunden seines Berufs diesen nennen, das *therapeut* lassen wir weg. Immer wieder behandelt er mich: Muskelfaserrisse, Achillessehnenansatzentzündungen, Nackenverspannungen, Patellasehnenreizungen, Rippenprellungen, Lendenwirbelschmerzen, Hüftbeuger-Probleme, Schultersyndrome.

Die übrigens am allerlängsten.

Es fing links an, alles fängt bei mir anscheinend links an. Ich konnte den Arm nicht mehr über Schulterhöhe heben, jedenfalls nicht ohne Schmerzen. Ich war auch nicht in der Lage, mich am Rücken zu kratzen. Was auch nicht ging: eine Glühbirne an der Decke zu wechseln, ein Hemd schmerzlos überzustreifen, ein Buch oben aus dem Regal zu nehmen.

Kam hinzu: Das Liegen auf der Schulter tat weh. Ich schlief schlecht.

Impingement nannte mein Orthopäde das, eine Größe seines Faches. Der Raum unter dem Schulterdach, in dem sich das Gelenk bewegt und sich Sehnen und Nerven befinden, sei zu eng. Warum? Zum Beispiel durch Verkalkung der Sehne, ein Phänomen, das so ziemlich jeden zehnten Deutschen einmal im Leben betreffe, meistens so um die fünfzig. *Kalkschulter* sei der Begriff der Stunde.

Ich war damals 49.

Man könne das operieren, sagte er, dann kehrten die Probleme aber vielleicht wieder zurück, von den Risiken einer Operation mal abgesehen. Man könne auch Cortison spritzen, das schädige aber die Sehne.

Und nun?, fragte ich.

Gehen Sie zu R., sagte er.

Das tat ich.

R. zog, während ich auf seiner Pritsche lag, an meinem Arm, als wolle er ihn verlängern. Er hieß mich bestimmte Bewegungen zu machen. Er lehrte mich Übungen – alles zu dem Zweck, den Raum unter dem Schulterdach zu vergrößern und Sehnen und Nerven den Raum zu schaffen, den sie brauchten.

Das dauerte. Ich glaube, ich ging mehr als ein Jahr lang einmal pro Woche zu R. Er zog an meinem Arm, zog und zog und zog, ich glaube, am Ende war dieser Arm wirklich zehn Zentimeter länger als der rechte. Ich übte und übte und übte. Lernte, die Schultern hinten zu halten und unten, auch dies zur Raumvergrößerung unter dem Schulterdach.

Natürlich war alles eine Folge dauergebeugter Haltung beim Schreiben.

Als das Problem links beseitigt war, trat es nach einer Weile rechts auf. Wieder verbrachte ich viel Zeit bei R.

Dann war es vorbei.

Fast drei Jahre lang war ich Stammgast meines Therapeuten gewesen. Die Versicherung schrieb maulende Briefe mit dem Unterton, ich würde bei R. ein Wellness-Programm absolvieren. Ich antwortete: Ob ihnen zwei Schulteroperationen und die entsprechenden Kosten lieber gewesen wären? Ich hätte viel Zeit geopfert, um ihnen Geld zu sparen, und nun kämen Klagen. Davon wolle ich nichts hören.

Tatsächlich war ich stolz auf meine Beharrlichkeit: zwei Operationen vermieden durch schieres Durchhaltevermögen.

R. ist einer der besten seines Fachs, aber – wie viele der Besten – auch ein Kauz, der bei jeder Behandlung über den bevorstehenden Untergang des Landes lamentiert, verursacht durch Unfähigkeit der Politiker, Blödheit der Radfahrer, Faulheit und Geldgier der Profifußballer, Rücksichtslosigkeit seiner eigenen Familienangehörigen, Wahnsinn seiner Ex-Frau.

Wäre ich ein Mensch von großem mündlichen Äußerungsdrang – also eine von diesen Talkshow-Geburten, die auf unseren Bildschirmen herumzetern –, hätte ich wahrscheinlich schon bei der zweiten Behandlung mit R. einen solchen Streit gehabt, dass wir die Behandlung entweder hätten abbrechen oder komplett schweigend hätten fortsetzen müssen.

Doch ich bin, wie erwähnt, zum Zuhören geschaffen.

Ich lag auf R.s Liege und lauschte seinen Ausführungen, den dahinströmenden Sätzen, die stets mit dem Wort *Wahnsinn* abgebunden wurden, es sei alles *Wahnsinn*, es werde böse enden, *Wahnsinn,* wie könne man das tun, *Wahnsinn,* was das für ein Scheiß sei, *Wahnsinn, Wahnsinn, Wahnsinn.*

Wie hältst du das aus?, fragte meine Frau.

Ich liebe es, sagte ich.

Ich lauschte R.s Sätzen, wie man bei offenem Fenster einem Sommerregen lauscht, ja, seine Reden waren für mich wie die endlosen Folgen namens *Gewitterregen* oder *Waves crashing*, die man bei Spotify anklicken kann, um sich zu entspannen. Ich habe mir schon vorgestellt, ich würde CDs aufnehmen, mit Titeln wie *R. über das Steuersystem* oder *R. über die Idiotie der Bundesregierung*, um sie abends zum Einschlafen zu hören wie andere ein Waldgeräusch.

Ruf doch R. an, hatte also meine Frau in Barcelona gesagt.

Ich wählte seine Nummer. Er ließ sich schildern, was geschehen war. Dann sagte er, ich solle das Knie kühlen, es hochlegen und schonen.

Ist dadrin was kaputt?, fragte ich.

Eher nicht.

Muss man es operieren?

Glaube ich kaum.

Sollte ich nach Hause fahren?

Würde ich nicht machen.

Es war herrlich. R.s Stimme allein heilte mich. Fast hätte ich ihn gebeten, mir am Handy etwas über die Untaten seiner Ex-Frau oder die Blödheit seiner Geschwister oder den *Wahnsinn* des deutschen Gesundheitswesens zu erzählen, aber das ging natürlich nicht. Er wusste ja nichts von der beruhigenden Wirkung seiner Vorträge auf mich.

Tatsächlich schwoll das Knie ab. Es schmerzte weiter, aber ich konnte gehen. Wir setzten die Reise fort. Am Ende saß ich im *Literarischen Quartett*. Meine geringen Beiträge sind gnädigem Vergessen überantwortet. Vielleicht wäre ich besser in einem Knie-Quartett oder einer Schulter-Show aufgehoben gewesen, davon verstehe ich mehr als von Literatur.

Geblieben ist mir dann doch ein Knorpelschaden im linken Knie. Und weil ein Meniskusproblem dazukam, weil ich immer wieder Schmerzen hatte, weil R.s Bemühungen nicht fruchteten, schickte mich der Orthopäde zu einer Kapazität. Einem Knie-Spezialisten. In eine Knie-Klinik.

Knie-Klinik. Knielinik. Knienik. Kninik. kininK. Kkkllnniiie. Kinkeinilk. Klnnekiiik. Kniilekink. Kilinenkik.

Mein Gott, was habe ich für einen lächerlichen Beruf! Kapazitäten operieren Knie. Befreien Menschen von ihren Leiden. Ich albere herum.

Ich besuchte die Kapazität. Ein federnder sportlicher Typ Ende fünfzig eilte auf mich zu. Er begrüßte mich mit *High five*. An den Wänden hingen Dankesschreiben berühmter Fußballer und Tennisspieler. Die Kapazität untersuchte mich und malte auf ein Blatt Papier, was zu tun sei: hier etwas abschmirgeln, dort etwas glätten, da ein wenig wegschnipseln. Keine große Sache. Mache er gerne. In zwanzig Minuten erledigt. Aber eine Operation sei es natürlich schon. Also – ich solle es mir überlegen.

Habe ich, sagte ich. Wann fangen Sie an? Wie lange dauert das?

In zwei Wochen könne ich kommen. Die OP dauere eine gute Viertelstunde. Nachmittags sei ich daheim.

Mein Gott, in einer guten Viertelstunde repariert der Mann ein Knie! In der Zeit schreibe ich höchstens einen Absatz. Was ist ein Absatz verglichen mit einem Knie?!

Am Tag vor der Operation hatte ich einen Termin beim Augenarzt, weil mir immer wieder seltsame Teilchen im Blickfeld herumschwebten, dunkle Pünktchen, kleine Fäden, *mouches volantes,* nannte das der Augendoktor, *fliegende Mücken,* harmlos, eine Art Trübung des Glaskörpers. Vielleicht solle ich ihn in einem halben Jahr wieder besuchen.

Nur eines noch … Er sagte es fast im Herausgehen: Wenn ich Blitze im Auge sehen sollte, sagte er, solle ich sofort kommen. Sofort.

Am nächsten Morgen erwachte ich um sechs Uhr früh.

Ich schlug die Augen auf.

Was sah ich?

Blitze.

Mein Vater hatte nur ein Auge. Das andere hatte er im Krieg verloren. Es war durch ein Glasauge ersetzt worden, das er abends, wie ich schon erzählt habe, in eine gläserne Schale mit Borwasser legte, während das andere Auge von einem Lid bedeckt im Kopf meines Vaters schlief.

Eines Tages aber kam ich aus der Schule nach Hause und fand meine Mutter weinend vor. Der Vater habe im Büro plötzlich Blitze im Auge gehabt. Man habe ihn ins Krankenhaus gebracht. Die Netzhaut auf seinem Auge habe sich gelöst, nun werde er vielleicht blind. Man versuche, mit Lasern das Auge zu reparieren. Damals war das eine neue Technik, nicht etabliert wie heute.

Wir fuhren ins Krankenhaus. Der Vater war schon operiert, sein Auge verbunden. Man versicherte uns, er werde wieder sehen können.

Jetzt sah er nichts.

Ich gab ihm die Hand. *Hallo, Papi,* sagte ich, *ich bin es, Axel.*

Sie wissen ja, dass mein Vater mich nie berührte, nie in den Arm nahm, nie zärtlich war. Vielleicht war er das nie gewesen, vielleicht war schon sein Vater so gewesen, mein Großvater also, vielleicht war seine ganze Generation so. Vielleicht war ihm aber auch jede Möglichkeit zu dieser (und auch jeder anderen) Form von Nähe in sechs Jahren Krieg abhandengekommen.

Jetzt hielt er meine Hand, für eine Minute, ganz ruhig.

Es war der intimste, zärtlichste Moment, den ich je mit ihm erlebt habe.

Und jetzt sah *ich* Blitze, wie er sie einst gesehen hatte.

Was mache ich denn jetzt?, fragte ich meine Frau.

Wie wäre es, du rufst in der Klinik an?, sagte sie.

Ich rief an, morgens um sieben, erreichte einen diensthabenden Arzt und erzählte ihm von der Sache. Er sagte mit ruhiger, entspannter Professor-D.-Stimme: *Das ist klar. Sie fahren zum Augenarzt, klären das, dann rufen Sie wieder an. Augen sind wichtiger. Einen OP-Termin finden wir.*

Mein Herz füllte sich mit Strömen von Liebe zu dem Unbekannten.

Ich also zum Ophthalmologen, oh, was für ein herrliches Wort! Opamootglhle, Olaoopghmlte, Omgotalophle, Opothglamole, Opoomghatlle, nein, Schluss jetzt, Schulss, Schussl!

Er blickte mir tief in die Augen, dann sagte er: harmlos. Der Glaskörper schrumpft altersbedingt, er zupft von innen an der Netzhaut, das verursacht Blitze. Wenn wir uns vielleicht in einem halben Jahr wiedersähen?

Ja, wiedersehen, wieder sehen, gerne.

Ich rief meine Frau an. Ich war geradezu gelähmt vom Tempo der Ereignisse, und sie spürte das.

Du kommst jetzt am besten heim, sagte sie. Und ich rufe für dich in der Klinik an und frage.

Zwei Minuten später rief sie mich wieder an. Ich solle gleich kommen, damit man mich operiere.

Ist das nicht unglaublich? Eben war ich ein Augenleidender gewesen, ein Mann, der die Erblindung gefürchtet hatte. Zwei Stunden später lag ich bewusstlos auf einem Operationstisch, und man operierte mein Knie. Und nun sitze ich hier und lese die alten Befunde und Berichte.

Älterer imponierender Schrägriss im Innenmeniskushinterhorn, mediales Kapselödem / Innenbandreizung. Aktivierte Femoropatellararthrose ... Chondropathie Grad 3 femorotibial medial.

Imponierender Schrägriss – und das bei einer Kapazität, die Tausende Knie von innen und außen gesehen hat, darunter einige der berühmtesten Knie der Fußballwelt. Ich hätte nicht gedacht, dass ihm ausgerechnet meines imponieren würde.

Die Bilder vom Inneren meines Knies sind alle kreisrund. Das Foto vom vorderen Kreuzband sieht aus wie ein Bild aus dem Weltall, ein rötlicher Planet oder eine sterbende Sonne. Der Innenmeniskusriss hat Ähnlichkeit mit einem weißen Gemüse, einem Radi möglicherweise, in den jemand hineingeschnitten hat. Aber aus einer anderen Perspektive sieht alles aus wie ein zerzupfter Wattebausch in einem jungen Frauenhintern.

Seltsam, das ist alles *in mir*. Mein Knie von innen, die fremde Welt der Knie, in die Chirurgen Tag für Tag eintauchen und dort herumschneiden, säubern, glätten, entfernen, feilen, putzen, nähen. Und dabei murmeln sie vielleicht all diese herrlichen Wörter: *Sagittaldurchmesser, Retinacula, Tibiofibulargelenk, Tractus iliotibialis.* (Meinem Freund M., dem eine neue Hüfte eingesetzt wurde, sagte der Chefarzt nach der OP, es sei höchste Zeit gewesen, der Hüftkopf habe bereits eine *sklerosierende Knorpelglatze* gehabt, und M. erzählt, er spüre noch, höre er diesen herrlich sprechenden Begriff, die enormen Schmerzen vor dem Eingriff.)

Und dann gehst du wieder ins Leben hinaus. Oder hinkst. Oder rollst.

Ich lief an Krücken.

Meine Frau holte mich ab.

Jetzt gehen wir nach Hause, und du legst dich hin, sagte sie.

Das tat ich. Ich legte mich aufs Sofa und las.

Übrigens habe ich Tolstois *Auferstehung* in der Neuübersetzung erst nach dem *Literarischen Quartett* wirklich gelesen. Vorher konnte ich nur *hinein*lesen und mich mit etwas Sekundärliteratur vorbereiten, will sagen: *Wikipedia.* Oft hat mein Beruf etwas von Hochstapelei, aber das ist ein anderes Thema. Ich war dankbar. Ohne die Sendung hätte ich das Buch nicht gelesen, das wäre schade gewesen. Gleich danach las ich einfach weiter Tolstoi, diesmal 1536 Seiten, ein monumentales Werk.

Knie und Frieden heißt es, wenn ich mich recht entsinne.

Ich ging zu R., der das Knie wieder auf Vordermann brachte. Ich duschte in seinen Satzkaskaden. Bald konnte ich wieder gehen. Manchmal zwickt es noch, das Knie, wenn ich Treppen steige oder einen Hügel herabklettere. Es geht durch die Welt, das Knie, und es funktioniert.

Es ist ein Knie, sonst nichts.

Aber ist es nicht großartig, wie alles so zusammenhängt?

Schuhe mit glatten Ledersohlen trage ich nur noch selten.

Nase

Ich stehe vor dem Spiegel und betrachte meine Nase.

Zu ihr ist im Grunde nicht viel zu sagen. Sie ist nicht groß, aber auch nicht klein. Die Nasenscheidewand ist etwas verkrümmt, das war nie eine Operation wert. Das Nasenbein wurde mir auch im Rahmen von Jugendprügeleien oder beim Sport nie gebrochen, schade im Grunde, es hätte mein Gesicht interessanter gemacht.

Je älter ich werde, desto öfter ermahnt mich meine Frau, die Nasenhaare zu schneiden. Ich finde es bemerkenswert, dass Haare auf dem Kopf weniger werden, in der Nase aber wuchern wie Dschungel. Manchen Alten kommen sie auch zu den Ohren heraus wie Unkraut.

Aber aus der Nase! Was soll das denn?

Manchmal stelle ich mir vor, der Mensch hätte einen kleinen Rüssel wie der Elefant. Ich könnte, während ich hier schreibe, Kaffee aus der Tasse saugen, um ihn mir in den Mund zu spritzen, und vorher sogar, ohne das

Tippen zu unterbrechen, einen Zuckerwürfel vom Tellerchen nehmen und in das Getränk fallen lassen, das ich mit dem vom Rüssel gehaltenen Löffel bedächtig umrührte.

Oder mir mit dem Rüsselgebläse die Haare aus der Stirn pusten.

Oder die Brille zurechtschieben. Die sitzt auf der Nase, eine bei Betrachtungen des Körperteils oft übersehene Funktion. Hätten wir keine Nasen, müssten wir uns die Sehhilfen um den Kopf binden wie Taucherbrillen.

Aber jetzt Moment mal: Nasenscheidewand.

Wieso haben wir zwei von der Trennwand separierte Nasenlöcher, wenn doch eines genügen würde? Wir haben nur einen Mund und nicht zwei, einen fürs Atmen, den anderen für die Ernährung. Man stelle sich vor, wir hätten einen zahnlosen Mund für Getränke, den anderen mit Gebiss als Speisetunnel, einen dritten zum Luftschnappen.

Ich vertiefe mich in die Nasenliteratur und entdecke Johannes Frasnellis Buch *Wir riechen besser als wir denken*, darin das wie für mich gemachte Kapitel *Riechen in Stereo: Wozu wir zwei Nasenlöcher haben*.

Frasnelli ist Südtiroler und seit 2014 Professor für Anatomie an der Universität Québec à Trois-Rivières in Kanada, spezialisiert auf den Geruchssinn. Er vergleicht die Nase, was zunächst überrascht (und er meint auch nur: in gewisser Hinsicht), mit einer gotischen Kathedrale, dem Wiener Stephansdom zum Beispiel: hier wie dort ein relativ kleiner Eingang, hinter dem sich ein riesiges Kirchenschiff öffnet.

Hinter kleinen Nasenlöchern verbergen sich jeweils fast zehn Zentimeter lange Nasenhöhlen, in denen geübte Nasenbohrerinnen einen Zeigefinger unterbringen könnten, wären die Eingänge nicht so klein. Und da beide bis weit nach hinten durch die Nasenscheidewand, das *Septum*, getrennt sind, habe ich eigentlich nicht nur eine, sondern zwei Nasen.

Das ist halbwegs großartig. Aber es kommt besser.

Jetzt jedoch erst mal zu den Nasenlöchern.

Nahe läge der Gedanke: So wie uns beide Ohren ermöglichen, die Quelle eines Geräuschs zu orten, und die beiden Augen für ein dreidimensionales Sehen sorgen, könnten unsere Stereonasen den Ursprung eines Geruchs herausfinden, über den simultanen Vergleich des Geruchs in beiden Nasen.

Das ist aber nicht so. Wollen wir wissen, woher ein Gerüchlein kommt, müssen wir den Kopf drehen, als hätten wir nur eine Nasenöffnung. Wir haben zu arbeiten wie ein Hund (der auch zwei Nasenlöcher hat): Kopf drehen, schnüffeln, einer Fährte folgen.

Also: warum zwei?

Das versteht man, wenn man bedenkt, dass unsere Doppelnase nicht nur riechen muss, sondern auch atmen. Ihre Schleimhaut ist dabei allen möglichen körperungünstigen Stoffen der Umwelt ausgesetzt, Krankheitserregern, Sporen, Staub. Sie muss die Atemluft nicht nur davon reinigen, sondern auch erwärmen und befeuchten. »Das geschieht alles zum Schutz der Lungen«, schreibt Frasnelli. »Das ist auch gut so, weil sonst würden wir statt eines Schnupfens jedes Mal eine Lungenentzündung bekommen, wenn wir einem Virus ausgesetzt sind.«

Vielleicht sollten wir Kathedralen in Nasenform errichten, in denen wir die Evolution anbeten?

Die eingeatmeten Erreger sitzen aber nun in der Nasenschleimhaut, die sich mit ihnen befassen muss. Damit sie das tun kann, wird immer eine der beiden Nasenhöhlen stärker durchblutet als die andere. Dadurch gelangen mehr weiße Blutkörperchen aus dem Immunsystem in die dortige Schleimhaut und bekämpfen die Eindringlinge. Sie schwillt stärker an als auf der anderen Seite, das Nasenloch ist nicht so durchgängig. Nach einigen Stunden ändert sich das. Der Durchblutungsvorgang verlagert sich auf die andere Seite. Das eine Nasenloch löst das andere ab, die Nase als Türsteher des Körpers, als Wächter – ein Vorgang, den man *Nasenzyklus* nennt. »Er ermöglicht«, so Frasnelli, »einen Kompromiss zwischen maximaler Nasendurchgängigkeit und größtmöglicher Nasenreinigung.«

Das wäre geklärt.

Es geschieht aber nun Folgendes: Ich lese mich in Frasnellis Nasenbuch fest und werde mit seiner Begeisterung angesteckt.

Nehmen wir an, irgendein Duftstoff (es gibt Hunderttausende, die wir wahrnehmen können) erreicht meine Nase – was geschieht dann?

Interessant ist zunächst, dass eine solche Reizquelle nicht wie bei den *physikalischen* Sinnen Hören oder Sehen weit entfernt sein kann (Donner oder Blitz zum Beispiel). Nein, sie muss zumindest mit einem winzigen Teil direkt in den Körper hinein und ran an die Zellen, die sich damit beschäftigen. Das Riechen ist wie das mit ihm sehr eng verbundene Schmecken ein *chemischer* Sinn.

Wie funktioniert das in meiner Nase?

Beide Nasenhöhlen sind mit Schleimhaut ausgekleidet, die zum größten Teil mit Flimmerhärchen bedeckt ist. Sie reinigen die Luft, bevor sie im oberen Teil der Höhle die Riechschleimhaut erreicht, in der sich die sogenannten Rezeptorzellen befinden. Sie tragen kleine Ausstülpungen, wie Wimpern, *Zilien* heißen die. Und auf denen sitzen Riechrezeptoren, das sind Proteine, die auf Duftstoffe ansprechen. Von denen gibt es ungefähr

350 bis 400 verschiedene Typen, die sich mit den sie erreichenden Duftstoffen beschäftigen, mit den Gerüchen, die unendlich viel komplizierter sind als zum Beispiel Lichtreize, so komplex, dass unser Vokabular in der Regel nicht ausreicht, sie zu beschreiben.

Übrigens finden sich Riechrezeptoren nicht nur in der Nase, sondern in fast allen Geweben. Was sie dort tun, weiß man eigentlich nicht. Frasnelli schreibt: »Sogar auf Spermienzellen finden sich Riechrezeptoren, einer davon spricht auf einen jasminartigen Duft an. Es scheint, dass dieser Rezeptor es der Spermienzelle ermöglicht, die Eizelle zu finden.«

Immer der Nase nach.

Ist es zu fassen?! Das alles in meinem Körper?! Was für ein Riechtum! Und es ist nur die Nase. Und es bin ja nur ich.

Es gibt noch viele andere Systeme, Organe, Zellstrukturen, Körperzusammenhänge. Und es gibt so viele andere Menschen auf der Erde, acht Milliarden. Insgesamt lebten seit ihrer Erschaffung mehr als hundert Milliarden Nasen hier. Noch in der größten Dumpfbacke arbeitet ein solches Zellenwunderwerk. Jede und jeder von uns (außer den Bedauernswerten, deren Geruchssinn gestört ist) hat es geschenkt bekommen.

Warum habe ich das bisher so wenig gewürdigt, warum in so geringem Umfang darüber nachgedacht? Warum erschauere ich nicht in Bewunderung für die Komplexität der Geruchsverarbeitung in meinem Inneren?

Und wir sind noch mittendrin. Denn interessant, bitte schön, ist auch dieses: Rezeptorzellen sind sozusagen Dolmetscher. Sie übersetzen einen Reiz aus der Umwelt in die Sprache des Gehirns. Sie machen daraus einen elektrischen Reiz.

Nun ist es aber so, dass elektrische Reize, die aus der Umwelt ins Gehirn streben, eine Schaltstation passieren müssen, den *Thalamus*, eine tief im Hirn liegende Struktur. Es ist, als müsse, wer die Chefin sprechen will, zunächst mit deren persönlichem Referenten reden. Erst was hier durch ist, gelangt ins Bewusstsein, das überfordert wäre, würde es beständig mit Reizen geflutet.

Nur: Beim Riechen ist das anders.

Jeder Riechreiz gelangt ungefiltert ins Hirn. Er unterliegt nicht der Kontrolle durch das Vorzimmer des Thalamus. Die Riechzentren gehören anders als andere zum limbischen System, das ist ein sehr alter Teil des Gehirns (wie übrigens der Geruchssinn möglicherweise der älteste unserer Sinne ist) und zum Beispiel für Emotionen zuständig, auch für das Gedächtnis.

Gerüche erreichen nicht nur das Bewusstsein, auch das Unbewusstsein.

Marcel Proust hat das gewusst. Er beschrieb an einer berühmten Stelle seines sieben Bände umfassenden

Werks *Auf der Suche nach der verlorenen Zeit*, wie die *Madeleines* der Tante Léonie, ihr Duft und ihr Geschmack, seine ganze Kindheit wieder vor ihm erscheinen ließen, nachdem die Tante sie in Lindenblütentee getaucht hatte:

> *alle Blumen unseres Gartens und die aus dem Park von Swann und die Seerosen auf der Vivonne und all die Leute aus dem Dorf und ihre kleinen Häuser und die Kirche und ganz Combray und seine Umgebung, all das, was nun Form und Festigkeit annahm, Stadt und Gärten, stieg auf aus meiner Tasse Tee.*

Was kenne ich für alte Gerüche?

Da ist der Duft frisch gemähten Rasens, der mich unverhofft glücklich machen kann (wie das Glück fast immer etwas Unverhofftes ist), weil er an die Nachmittage im Garten meiner Eltern erinnert, an denen der Vater das Gras gemäht hatte und wir hinterher durch die Wasserwand des sich hin- und herbewegenden Rasensprengers springen durften. Oder an die Tage auf dem Hockeyplatz, auf dem wir trainierten oder spielten, Tage voller Körperfreude und Hoffnung auf unerreichte Siege.

Da ist der Geruch von Kaffee, in dem ich mich zu Hause fühle wie in keinem anderen, weil in unserem Haus ein Handelsvertreter für *Idee*-Kaffee zur Untermiete wohnte und seine Vorräte im Haus lagerte, sodass an manchen Tagen das ganze Gebäude von *Idee*-Kaffee-Duft erfüllt war.

Und die Zigarren, die in der Heimatstadt meiner Mutter in jedem zweiten Haushalt in Heimarbeit hergestellt wurden, sodass ich das Gefühl hatte, der ganze Ort rieche wie Zigarren: herb, erdig, holzig und intensiv.

Und nicht zu vergessen: der unverwechselbare Geruch nach Papier und Buchstaben, nach Staub und in Lektüre versunkenen Menschen, der in der Stadtbücherei-Filiale meiner Kindheit herrschte, die ich Woche für Woche besuchte, auf der Suche nach neuen Büchern.

Ach, bitte, gebt mir dereinst, wenn mein kalter Leib ins Grab gesenkt wird, frisch gemähtes Gras und gerade gerösteten Kaffee, auch eine Zigarre und natürlich Bücher mit auf den Weg, um das unermessliche Gebäude meiner Erinnerungen zu tragen!

Obwohl – Totenschädel haben keine Nasen.

Riechen heißt leben.

Was mich jetzt beschäftigt: dieser direkte Weg von der Nase ins Gehirn, der den Geruchs- von anderen Sinnen unterscheidet.

Ich erinnere mich, dass sich der Fußballbundestrainer Joachim *Jogi* Löw anlässlich der Europameisterschaft 2016 beim Auftaktspiel seiner Mannschaft gegen die Ukraine vor laufender Kamera selbstvergessen in die

Hose griff, um seine Geschlechtsteile zu berühren und danach an den Fingern zu schnuppern, eine animalische Geste der Selbstversicherung in kritischer Lage.

Der eine oder andere wird das von sich selbst kennen, nicht in Form von Skrotumgeschnüffel vielleicht, aber möglicherweise ... pssst … doch?

In der gebotenen Offenherzigkeit möchte ich mitteilen, dass ich in Krisenlagen beim Verfassen von Texten gelegentlich an den Fingern rieche. Allerdings habe ich sie erstens eher selten vorher einen halben Meter tiefer im Hosendunkel aufbewahrt. Zweitens werde ich beim Arbeiten nicht von der Weltpresse beaufsichtigt wie ein Bundestrainer.

Ist es nicht interessant, welchen Aufruhr das damals in der Öffentlichkeit verursachte? Man redete vom *Hosen-Gate*, bis der Stürmer Lukas *Poldi* Podolski, Vertreter des einfachen Mannes in der Elf des DFB, seinen Coach vor den Weltmedien mit den Worten verteidigte: »Das ist kein Thema. Ich denke, 80 Prozent von euch kraulen sich auch mal an den Eiern.« (Die anderen 20 Prozent sind wohl Journalistinnen.)

Diese Geschichte illustriert die Verpönung des Tierischen am Menschen in unserer modernen Welt.

Der Historiker Alain Corbin beschrieb in seinem berühmten Werk *Pesthauch und Blütenduft* den Geruchssinn als »Sinn der Affekte und ihrer Geheimnisse« und fuhr fort, er vermöge »das Seelenleben tiefer zu erschüttern als das Gehör oder das Gesicht; er scheint bis an die Wurzeln des Lebens vorzudringen«. Patrick Süskinds noch viel berühmterer Roman *Das Parfum*, der auf Corbins Buch und den Erkenntnissen darin beruht, illustriert das mit der Geschichte des Mörders Grenouille. Und der Kunsthistoriker Jean Clair schrieb in seinem wunderbaren Werk *Giacomettis Nase*, die Nase sei das »wildeste, primitivste, animalischste Sinnesorgan« und letztlich das, »was uns mit dem geheimen Bereich der anderen verbindet, mit jenen Winkeln, wo die intimen Dinge verborgen sind, mit dem lebendigsten und verwundbarsten Teil ihres Wesens, ihrer einzigartigen Ausdünstung, die sie noch deutlicher auszeichnet als ihre Stimme oder Augenfarbe«.

Wie konnten wir uns vom Geruchssinn so weit entfernen, dass er uns als primitiv erscheint? Wir leben in einer desodorierten Gesellschaft voller künstlicher Gerüche, die jedes natürliche Odeur überdecken. Schweißgeruch gilt als das Letzte, Fußdunst als des Ekels Gipfel, Uringestank, der einem Hund an jeder Ecke ein erregendes, weit aufgeschlagenes Buch des Lebens ist, als unerträglich.

Und doch funktionieren wir, wenn es ernst wird, unter Stress oder beim Sex zum Beispiel, nach wie vor wie Geruchswesen. Wir mögen uns, wie wir uns riechen, wir können gar nichts dagegen tun, *können uns gut riechen,* sagen: *Den kann ich nicht riechen,* riechen an uns selbst und an anderen.

So geht das jeden Tag.

Apropos: Des Menschen Geruchssinn gilt als viel schlechter als der des Hundes und ist es auch. Aber man hat nachgewiesen, dass dies mit mangelnder Übung zu tun hat. Würden wir diesen Sensus trainieren, könnten wir uns bedeutend steigern.

Aber wir tun es nicht.

Warum nicht?

Sigmund Freud schrieb:

Das Zurücktreten der Geruchsreize scheint aber selbst Folge der Abwendung des Menschen von der Erde, des Entschlusses zum aufrechten Gang, der nun die bisher gedeckten Genitalien sichtbar und schutzbedürftig macht und so das Schämen hervorruft. … Die Verkettung läuft von hier aus über die Entwertung der Geruchsreize und die Isolierung der Periode zum Übergewicht der Gesichtsreize, Sichtbarwerden der Genitalien, weiter zur Kontinuität der Sexualerregung, Gründung der Familie und damit zur Schwelle der menschlichen Kultur.

Mit der Aufrichtung des Menschen war letztlich ein Losreißen von der Natur verbunden. Der Entschluss zum aufrechten Gang war der Auslöser für eine Kettenreaktion. Man hatte plötzlich die Hände frei zum entsprechenden Gebrauch. Das Hirn wuchs. Wir entdeckten die Sprache. Die Bilder und die Töne wurden wichtiger als die Gerüche. Würden wir noch auf allen vieren herumlaufen, wäre Youtube ein Geruchskanal, und die Leserinnen und Leser dieses Buchs würden sich an den Zeilen entlang weiter- und weiterschnüffeln.

»Der Verlust der Nase«, schreibt der französische Schriftsteller Michel Onfray in *Der sinnliche Philosoph*, »ist die Bedingung für den Erfolg der Evolution und gleichzeitig deren Symptom.« Er führt zu einer weitgehend körperlosen Intelligenz, in der erstens ein Körper ein Werkzeug oder ein Wohnort des Verstandes ist, zweitens aber dessen sinnliche Zusammenhänge mit der Welt erst wieder mehr oder weniger mühsam entdeckt werden müssen, mit bisweilen schockierenden Ergebnissen.

Die Welt ist ja nicht überall mit Duftstäbchen dekoriert.

In 1,80 Metern Höhe riecht man nicht so gut wie am Boden, wo die Duftstoffe haften. Aber man *sieht* weiter und hört wohl auch besser. Man muss in unserer Welt nicht mehr riechen, um die Brunst des anderen Geschlechts zu erfassen, und trägt Kleidung über den

Genitalien, sodass man als Bundestrainer erst unter den Gürtel langen muss, um … nun ja.

Löw ist ein Kulturwesen. Löwen sind es nicht.

In unserer schamgeprägten Kultur gelten natürlicher Geruch und seine Nutzung als das Unzivilisierte schlechthin. Immanuel Kant erklärte in seiner *Anthropologie in pragmatischer Hinsicht* das Auge zum edelsten Sinnesorgan. Den Geruchssinn nannte er den entbehrlichsten. Aber was für ein Unsinn ist das! Wie großartig ist es nämlich zu begreifen, dass wir kultiviert und tierisch gleichzeitig sein können, dass wir beides sind, zivilisierte Wesen *und* Tiere, die sich in den Geruch eines anderen Menschen fallen lassen können, in zugleich unbekannte und vertraute Tiefen!

Genug. Ich muss in den Spiegel schauen, um dieses verkannte Wunder zu erkennen, mit beiden Augen kann ich meine eigene Nase anders nicht sehen. Schließe ich das eine Auge, erblicke ich gerade mal so den Nasenrücken und die Nasenspitze. Ich trage etwas Wundersames mitten im Gesicht, eine Erinnerung an das Staunenswerte unseres Lebens.

Ganz sicher könnte ich Ähnliches auch über das Immunsystem, den Blutkreislauf oder die Arbeit des Gehirns sagen.

Aber ich habe es jetzt mal über die Nase geschrieben.

Penis

Meinen alten Freund B. hatte ich lange nicht gesehen. Irgendwann hatte er mir geschrieben, er habe *Schwierigkeiten mit der Prostata*, das ganze Ding – also die Prostata, nicht das DING – müsse entfernt werden. Schöner Mist.

Eine Weile nach seiner Operation trafen wir uns zum Essen.

Wie geht's dir jetzt?

Gut. Alles okay.

Er wirkte, wie soll ich sagen?, schmalmündig.

Was ist mit Sex?

Alles okay, du ejakulierst halt nach innen, aber sonst … Alles gut.

DU EJAKULIERST NACH INNEN?

Oh, das war ein bisschen laut. Die Leute am Nachbartisch blickten von ihren Speisen auf. Aber ich war erstaunt … Davon hatte ich noch nie gehört, nach innen zu ejakulieren. Ein mir unbekannter Körpervorgang.

Wie geht das denn?

Na, das Zeug geht in die Harnblase, genau das wird sonst durch die Prostata verhindert. Du kannst keine Kinder zeugen. Das wollte ich sowieso nicht mehr.

Wir wechselten das Thema. Mit Männern über ihren Sex zu reden, ist selten einfach, das gilt für mich am meisten. Noch schwieriger wird es, mit Männern nicht nur über ihren Sex, sondern über ihre *Probleme* beim Sex zu reden.

Einige der mir bekannten Ausnahmen: Mein Freund Z., der vor Jahren erzählte, er habe normalerweise erhebliche Schwierigkeiten, seinen Samenerguss so lange hinauszuzögern, dass auch seine Frau zum Orgasmus komme. Aber er fahre einmal im Jahr zu einem *Retreat* in die Schweiz, eine Woche. Wenn er zurück sei, habe er kein Problem mehr. Er könne einfach so lange, wie er wolle.

Warum zieht ihr nicht in die Schweiz?, fragte ich.

Ich kann nicht hauptberuflich an Retreats *teilnehmen, ich muss irgendwie das Geld dafür verdienen.*

Jedenfalls habe seine Frau irgendwann gefragt: *Was macht ihr da eigentlich in der Schweiz?*

Und? Was macht ihr da?, fragte auch ich.

Yoga, Meditation, Gesprächsrunden. Kein Sex. Willst du die Adresse?

Wenn es da keinen Sex gibt …

Es ist nicht auszuschließen, dass ich der Verklemmte

bin. Vielleicht unterhalten sich andere Männer dauernd untereinander über ihren Sex und die Probleme dabei. Ich selbst tue es nicht gerne. Genau deshalb weiß ich es auch nicht.

In meiner Bundeswehrzeit teilte ich eine Zeit lang das Zimmer mit einem gleichaltrigen Unteroffizier, der Schlosser von Beruf war und eine Freundin hatte, mit der er an jedem Wochenende ausgiebig Sex hatte. Ich wusste das, weil er mich am Sonntagabend, wenn wir in die Kaserne zurückgekehrt waren, in aller Gründlichkeit diesbezüglich unterrichtete, was mir, da ich an diesen Wochenenden oft keinen Sex gehabt hatte (oder nur mit mir selbst), auf die Nerven ging. Ihn hingegen störte, wenn er mich bei seiner Rückkehr auf dem Bett in ein Buch vertieft vorfand.

Liest du schon wieder!, rief er leicht aggressiv.

Hast du schon wieder gevögelt?, antwortete ich.

Eigentlich verstanden wir uns gut. Er war von einer naiven Lebenszufriedenheit, die mir gefiel. Zu seinem Bedauern lebte er nicht mit seiner Freundin zusammen. Sie wohnte noch bei den Eltern, er bei den seinen. Dort musste man sich mit Sex zurückhalten, also nutzten die beiden stattdessen seinen VW-Käfer. Aber manchmal waren die potenziellen Schwiegereltern verreist, dann stand deren Ehebett zur Verfügung. Ich werde nie vergessen, wie er sich an dem auf die Rückkehr dieser Eltern folgenden Freitagabend mit dem vergnügt-verzweifelten Satz von mir verabschiedete:

»Jetzt geht die verdammte VW-Fickerei wieder los.«

Übrigens, um auf die Vorsteherdrüse meines Freundes B. im Besonderen und die Prostata im Allgemeinen zurückzukommen, hatte ich bis vor Kurzem keine Ahnung von deren Wesen und Funktionsweise – und das, obwohl ich mindestens einmal im Jahr zur Vorsorgeuntersuchung bei meinem Lieblingsurologen gehe.

Auch die *retrograde Ejakulation* musste ich erst auf der Seite *andrologie-experten.de* nachschlagen.

Bei der retrograden (rückwärtigen) Ejakulation wird die Samenflüssigkeit fehlgeleitet und in die Harnblase ausgestoßen. Dem entsprechend ist bei der Ejakulation nur sehr wenig oder überhaupt kein Ejakulat nachweisbar. Die Spermien werden mit dem Urin ausgeschieden.

Das könne angeboren sein, las ich, erworben im Laufe des Lebens oder Folge einer Operation wie bei B.

Ich gehe nicht ungern zu meinem Lieblingsurologen. Wir unterhalten uns lange. (Das ist ungewöhnlich bei Ärzten in Zeiten, in denen Mediziner ihrem Beruf oft gehetzt nachgehen.) Dann steckt er mir beiläufig einen Urologenfinger und später eine riesige Untersuchungslanze in den Hintern, während ich, die Zähne zusammengebissen, seine weiße Praxiswand anstarre. Er macht eine Ultraschalluntersuchung der Nieren, tastet die Hoden ab und verspricht, Blut und Urin zu testen. Darauf unterhalten wir uns weiter. Ich mag ihn. Es ist oft lustig bei ihm. Richtig ernst mussten wir nie werden, ich meine, *richtig ernst* im Sinne von: Das müssen wir uns näher anschauen, aber machen Sie sich *erst mal* keine Sorgen, bitte.

Er hat in den 70er-Jahren seine Dissertation über *Penisverletzungen bei Masturbation mit Staubsaugern* geschrieben. So was macht man nur, wenn man in der Lage ist, den notwendigen medizinischen Ernst mit einem Blick für Abgründe zu verbinden.

Jedenfalls hatten die Patienten ihre nichterigierten Penisse in die Saugstutzen der Staubsauger (übrigens acht von sechzehn in solche vom Typ *Kobold*, bei den anderen war die Marke im Laufe des entsetzlichen Geschehens in Vergessenheit geraten) gesteckt, um durch die Saugwirkung nach dem Prinzip der Penispumpe eine Erektion herbeizuführen. Problem: Der Saugstutzen war zumindest damals nur elf Zentimeter lang, dahinter lauerte der rotierende *Kobold*-Ventilator. Autoerotische Penisverletzungen würden seitdem, lese ich auf *doccheck.com*, als *Morbus Kobold* bezeichnet, aber nur inoffiziell.

Sind wir nicht seltsame Lebewesen, dass es unter uns

Männer gibt, die eine sexuelle Beziehung mit einem Staubsauger zu führen versuchen? Oder sollte ich hier sagen: *Staubsaugerin*?

Jedenfalls ist meine Prostata halbwegs normal groß. Sie wiege bei einem jungen Mann 20 Gramm, sagt mein Lieblingsurologe, bei mir seien es 36. Ab 100 müsse man mit Problemen rechnen.

Also alles okay. Das reicht mir. Das will ich hören.

Wie man eine Prostata wiegt, habe ich vergessen zu fragen.

Einmal traf ich im Wartezimmer einen Bekannten, dem ich nur selten über den Weg laufe. Als ich hereinkam, erschrak er merklich und begann, unaufgefordert immer wieder zu sagen, es sei nur *reine Routine*, die ihn hierhergebracht habe, *reine Routine, reine Routine* … Es war rührend zu sehen, wie er fürchtete, ich könnte denken, *Potenzprobleme* könnten ihn hierhergeführt haben, die Nemesis des Mannes.

Wobei: Nemesis, die Göttin des gerechten Zorns und der Rache … Ist es nicht interessant, dass sie bei den Griechen immer in Begleitung von Aidos, der Göttin der Scham, auftrat? Rache und Scham, ein tolles Paar!

Das nur nebenbei.

Reine Routine. Hatte *er* erwartet, dass *ich* erwartet hätte, *er* würde *mir* hier gleich im Wartezimmer von seinen Erektionskalamitäten erzählen?

Das Lustige war, dass er eine Glatze hat und an diesem Tag einen großen beigefarbenen Rollkragenpullover trug. Wie er so vor mir stand, sah er – um es kurz zu machen – wie ein wandelnder Penis mit heruntergekrempelter Vorhaut aus: ein Penis, der die Routinemäßigkeit seiner Anwesenheit beteuerte und dann, um seine ungebrochene Männlichkeit zu illustrieren, erzählte, was für Rotweine er gestern Abend mit einem Kumpel in großen Mengen getrunken habe, man sei hinterher *total stramm* gewesen, ja, so sagte er tatsächlich: *total stramm*. Jedenfalls schien er von Angst erfasst zu sein, ich könnte glauben, er sei hier, um sich Viagra verschreiben zu lassen, um seiner Strammheit auch ohne Rotwein aufhelfen zu können.

Hätten wir uns beim Orthopäden getroffen, hätte er mir wohl sein entsprechendes Leiden ausführlich geschildert.

Jedenfalls stelle ich mir seitdem immer ein Wartezimmer voller Penisse vor, schlaff, gebeugt, ermattet, krank, sabbernd oder zu Routine-Untersuchungen in den Sitzen hängende Schwänze.

Übrigens: Schwanz.

Interessant ist, dass es keinen Körperteil gibt, der so viele Namen hat. Kürzlich schnappte ich mir *Das Men's Health Penis-Buch* von Frank Sommer und Oliver Bertram. Beim Lesen fiel mir die große Vielfalt der Benennungen auf: *zauberhafte Zentimeter, Riemen, Ihr Willi, die Rute, das kleine Sensibelchen, gesunder, leistungsfähiger Lümmel, kerniger Knüppel, Ihr Torpedorohr, Pipimann, sensible Latte, Ding.*

Eine Auswahl.

Als Kinder sagten wir, wie erwähnt, *Pillermann*. Aber das ist für Erwachsene eine Zumutung. *Das Men's Health Pillermann-Buch?*

Schniedel fällt mir ein. *Schniedelwutz.*

Gerät. Bestes Stück. Prügel. Pimmel nicht zu vergessen.

Ebenso interessant ist, dass mir kein anderer Körperteil einfällt, der zwei vollkommen voneinander getrennte Funktionen hat und der sich, je nachdem, welche der beiden gerade benötigt wird, physisch komplett verändert. Im Grunde fallen einem nur Nazis ein, deren rechter Arm sich zum Gruß komplett versteift, während er danach wie ein müder Pillermann an der Körperseite herumhängt. Hat es je Lächerlicheres gegeben als Leute, die sich mit einer Erektion begrüßen, die sofort wieder erschlafft?

Wieso hat die Evolution ein Organ geschaffen, mit dem man sowohl uriniert als auch sich fortpflanzt?! Wer kommt denn auf so was? Es ist, als könnte man mit den Ohren auch Suppe löffeln.

Und, bitte schön, wie wäre es, Männer würden im Alltag *als Ganzes* ein unscheinbares Schrumpeldasein führen und nur, wenn es bestimmte Aufgaben zu erfüllen gälte, aufs Zehnfache ihrer Normalgröße anschwellen, um danach wieder in einen Zustand faltiger Zwerge zurückzufallen?

Bei der Gelegenheit ist es interessant, die Frage aufzuwerfen, warum die Penisse aller klassisch-griechischen Darstellungen nackter Heroen und Götter von knabenhafter Winzigkeit sind. Auch Michelangelos Verherrlichung und Idealisierung der Männlichkeit in Gestalt des *David*, dessen Kopie auf der Piazza della Signoria in Florenz steht, hat einen geradezu niedlichen Penis, vor allem im Kontrast zu den Händen. Selbst der kleine Finger ist länger als der Heldenschwanz.

»Dem Heroismus des Helden tut das keinen Abbruch«, schreibt Gerhard Staguhn in seinem lesenswerten Buch *Der Penis-Komplex* – und weiter: »*Der Held selbst* ist die Erektion.« (Das ist wie beim eingangs schon erwähnten Gorilla, der quasi eine lebende Erektion ist.) Kommt hinzu, dass Davids Hoden alles andere als klein sind. Sie sind das Skrotum eines Erwachsenen, und sie galten den Griechen einst als der wahre Sitz der Männlichkeit. Das bevorzugte griechische Wort für *männlich* sei *enorcha* gewesen, also *hodig*, schreibt Staguhn.

Unter anderem deswegen wäre es auch blödsinnig, den Helden mit einer Erektion darzustellen. Ihre Entstehung zum gegebenen Zeitpunkt wird erstens als selbstverständlich vorausgesetzt. Zweitens würde ihre Abbildung die Harmonie und Ausgewogenheit der klassischen Skulptur zerstören. Und drittens würde sie dem Kunstwerk das rauben, was jedes Kunstwerk benötigt: sein Geheimnis. Sie würde den Mann auf einen einzigen Aspekt reduzieren, seine Geilheit. Er wäre plötzlich auf groteske Weise lächerlich, »kein Platz mehr für Geheimnis und Illusion«, so Staguhn. Mal abgesehen davon, dass eine Erektion auf einem Platz mitten in der Stadt zu jeder Zeit ein öffentliches Ärgernis gewesen wäre. Im 16. Jahrhundert montierte man ja sogar vor das Minimalgemächt des David ein Feigenblatt.

Kein Abschnitt unseres Körpers führt übrigens ein solches Eigenleben. Während der Penis im Normalbetrieb (und damit meine ich den erschlafften Zustand) unscheinbar sein Dasein fristet, erhebt er sich als erigierter zur Führungsfigur. Das Wort *schwanzgesteuert* erzählt von solchen Auseinandersetzungen in den internen Kommandostrukturen.

Staguhn berichtet aus seinen Pubertätsjahren, in denen er Gelegenheit hatte und diese natürlich auch ergriff, die wunderschönen Brüste eines Mädchens namens Annamirl anzufassen. (Das war es dann aber auch gewesen.) Er erzählt, wie er regelrecht neidisch war auf diese beiden, die ihm vorkamen »wie eigenständige Lebewesen, die gelassen in sich ruhten und dabei höchste Souveränität ausstrahlten«, gleichzeitig aber »auch etwas Freches, unaufgeregt Provozierendes« hatten, »doch auf andere Art als mein steifer, sperriger Penis in der Hose. Der kam mir zwar ebenfalls frech und provozierend vor, doch fehlte ihm dabei jegliche Gelassenheit. Pausenlos forderte er höchst aufgeregt etwas ein, ohne klar zu sagen, was. Wahrscheinlich wusste er es damals selber nicht.«

Schön gesagt.

Wobei dieser Übernahme der Führung durch einen nervös zeternden, jedoch ratlosen Kommandeur in den Pubertätsjahren die Befehlsverweigerung desselben in späteren Jahren entspricht. Der Kopf, das Herz und alle anderen Körperteile sowie weitere beteiligte Personen möchten etwas. Das dazu benötigte Organ aber verweigert den Vollzug. Statt strammzustehen und seinen Aufgaben nachzukommen, liegt es schlaff auf den Schenkeln herum oder baumelt im Raum und tut, als gehe es das alles nichts an. Als habe es von Sex nie gehört und wolle davon auch nichts wissen, so freundlich und zugewandt sich auch alle Beteiligten um es bemühen.

Was soll man tun? Anschreien hilft ja nicht.

Sensible und unsensible Männer empfinden das als tiefe Kränkung, sie hadern und fühlen sich in ihrer gesamten Maskulinität infrage gestellt, wie denn auch nicht? Man gerät in Panik, wenn der Penis nicht funktioniert. Ich erinnere mich, nach einer Stunde auf meinem Rennrad den Penis als komplett taub empfunden zu haben. Ich sprang vom Velo, erfüllt von Ängsten, er könnte nie wieder etwas empfinden, einfach abfallen und unten aus der Hose rutschen.

Aufmerksame und durchaus verstörte Passanten sahen einen Mann in eng sitzender Hose, mit Helm und Rennbrille, der sich intensiv hüpfend den Schritt massierte.

In solchen Fällen hilft es, den Sattel besser einzustellen.

In anderen Fällen – also bei anhaltenden Problemen – empfiehlt Frank Sommer (das ist einer der beiden Autoren des *Men's Health Penis-Buchs* und seit 2007 in Hamburg der erste deutsche Professor für Männergesundheit), einen Urologen aufzusuchen. Im Interview mit dem *Süddeutsche Zeitung Magazin* sagte Sommer, bis zur Einführung von Viagra 1998 – die einer männlichen sexuellen Revolution gleichgekommen sei – sei der Penis »ein unbekanntes Wesen« gewesen. Die Erektion habe man für eine simple Sache gehalten. »Die ist aber überhaupt nicht simpel. Wenn ich einen Patienten wegen Erektionsstörungen untersuche, stelle ich den drei Stunden lang komplett auf den Kopf. Ich messe die Nerven, die Zusammensetzung des Penisgewebes, hormonelle Einflüsse, den Blutfluss, die Potenzmuskulatur und viele andere Dinge. Eine Erektion ist ein komplexer Vorgang …«

Ich dachte an Gerd Müller, den großen Torjäger. »Vor

dem Tor«, hat er mal gesagt, »derfst net das Studieren anfangen.« Andererseits, dachte ich weiter, kann man den Fußball wie auch den Sex nicht aufs Tor reduzieren, im Gegenteil, Tore sind oft sehr selten. Wiederum andererseits ist Fußball ohne Tore langweilig.

90 Prozent der Erektionsprobleme hätten, sagte Sommer, körperliche Ursachen, nicht psychische, wie man gemeinhin denke. Früher hätten Männer im Schnitt zwölf bis fünfzehn Jahre gewartet, bis sie in solchen Fällen zum Arzt gegangen seien. Heute seien es nur zwei bis drei Jahre.

Bei mir waren es, als das Problem einmal auftauchte, drei Tage.

Mein Lieblingsurologe sagte, er würde mich ungern drei Stunden lang auf den Kopf stellen. Wenn er mich sehe, sportlich, beweglich, nicht gerade dick: Er glaube nicht, dass er mein Penisgewebe messen müsse. Tatsächlich seien *wir* – er sagt in solchen Fällen immer *wir* – doch keine einfachen Wesen. Je älter man werde (und *wir beide* seien ja älter geworden), desto mehr müssten *viele Dinge* stimmen, wenn man Sex haben wolle. Es sei nicht *so simpel*, wie es früher *bei uns* gewesen sei.

Ob ich viel Stress hätte zurzeit.

Ja.

Stress sei ein Erektionskiller. Wie oft ich Erektionsprobleme gehabt hätte?

Zwei Mal.

Kommen Sie wieder, wenn es zehn Mal waren.

Darauf warte ich nun. Nein, ich warte natürlich nicht. Ich vermeide Stress. Will ich sowieso. Nahezu drei Viertel aller körperlichen Probleme, die ich je hatte, waren auf Stress zurückzuführen. Mein ganzes Leben besteht im Grunde darin, Stress zu reduzieren.

Was Sex angeht, komme ich aus dumpfen, armseligen Zeiten. Denke ich an die Pillermannjahre, überkommt mich noch heute Grimm auf all das Stumme, Verschwiegene, Sprachlose der Zeit, in der ich groß wurde. Es war eine Zeit, in der alles, was mit Sex zu tun hatte, ein Puzzle war, dessen Teile in der Welt verstreut waren. Man musste sie sich selbst zusammensuchen, und das in Zeiten ohne Internet. Ein FKK-Magazin, wie es einer meiner Freunde besaß, war ein geheimer Schatz, den man unter einem losen Dielenbrett verwahrte.

Meine Eltern taten (jedenfalls mir gegenüber) so, als ob es Sex nicht gebe, weder zur Fortpflanzung noch zum Vergnügen. Sie konstruierten ein Rätsel, dessen Lösung mir überlassen blieb. Was ich später las – über das Gruppenwettwichsen in Günter Grass' *Katz und Maus* zum Beispiel –, führte bei mir immer zu dem Gedanken: So kann das also sein, so hätte es sein können, nicht leicht, aber irgendwie selbstverständlich.

Schilling, der von uns allen den längsten Riemen hatte, musste seinen rausholen, zum Stehen bringen und danebenhalten: Mahlkes war erstens eine Nummer dicker, zweitens um eine Streichholzschachtel länger und sah drittens viel erwachsener gefährlicher anbetungswürdiger aus. Er hatte es uns wieder einmal gezeigt und zeigte es uns gleich darauf noch einmal, indem er sich zweimal nacheinander etwas – wie wir es nannten – von der Palme lockte.

Nicht, dass ich mich danach gesehnt hätte oder nachträglich sehnen würde. Aber es wäre ein besseres Leben gewesen.

Der Gipfel war die Busfahrt, bei der mir ein Freund auf der letzten Bank mitteilte, er habe herausgefunden, wie Kinder entstünden.

Und wie?

Deine Eltern müssen ficken.

Was Ficken war, wusste ich ungenau. Vor allem aber dachte ich, es sei etwas so unendlich Schmutziges, dass ich wütend wurde. Es war ein absolut unverwendbares Gossenwort für eine unausübbare Gossentätigkeit.

Willst du sagen, meine Eltern würden ficken?

Na klar.

Ich drohte ihm Schläge an, wenn er das noch mal sagen würde. Es war für mich, als hätte er meine Eltern aufs Äußerste beleidigt. Meine Eltern *ficken*? Meine Existenz soll Folge von *Ficken* sein?

Ich redete tagelang nicht mit ihm, so erschüttert war ich.

Interessanterweise fällt mir dabei ein, dass ich mit sechzehn einige Präservative in meiner Brieftasche (so was hatte man mit sechzehn damals, also Brieftaschen, meine ich) mit mir herumtrug. Und dass meine Mutter, während ich nicht da war, die Brieftasche entdeckt und untersucht hatte. Als ich heimkam, fand ich den Inhalt verstreut auf meinem Bett. Ich stellte sie nicht zur Rede deswegen. Es wurde schweigend übergangen.

Dazu passt, dass niemand meine Phimose entdeckte, die Tatsache also, dass sich die Vorhaut nicht richtig zurückziehen ließ, was bei jeder Erektion schmerzhaft war. Sie ignorierten, dass es ein solches Problem geben könnte.

Mein Vater berührte mich sowieso nie. Er nahm mich nie in den Arm, aber er schlug mich auch nicht. Irgendwie war ich physisch für ihn inexistent. Meine Mutter hingegen tat beides, sie umarmte mich tröstend und drückte meinen Kopf beruhigend an ihre riesigen Brüste, wenn ich weinte oder verzweifelt war. Aber sie schlug auch mit einem Handfeger auf mich ein, wenn sie cholerische Anfälle bekam, und ich musste mich im Keller vor ihr verstecken.

Eine Phimose entdeckt man so nicht.

Und man entdeckt sie auch nicht beim Duschen mit der Sportmannschaft oder bei der Bundeswehr, wo es zwar Schwänze aller Art zu sehen gab, staunenswert lange und dann auch wieder rührend kleine, krumme und gerade, geübte und ungeübte. Aber nie einen beschnittenen und auch nie einen erigierten.

Weil das erwähnte Schweigen herrschte, redete ich auch nicht darüber, dass mir etwas seltsam vorkam, dass es schmerzte und mich so behinderte, dass ich mich als junger Mann nach Sex sehnte und gleichzeitig vor ihm manchmal geradezu flüchtete, weil ich ihn nicht hätte genießen können. Nie wurde ich das unklare Gefühl los, mit mir sei etwas nicht in Ordnung. Was nichts als die Wahrheit war.

Kann man das heute überhaupt noch jemandem erklären?

Ich verließ meine Stadt, um zu studieren. Da war ich 20. So ziemlich das Erste, was ich in München tat: Ich nahm endlich meinen Mut zusammen und ging zu einem Chirurgen, der mich ein paar Tage später beschnitt. Mit Staunen sah ich, als ich aus der Narkose erwachte, meinen Penis, die freigelegte Eichel auf weiße Gaze gebettet, umgeben von abstehenden Fäden der Naht wie von einer Dornenkrone.

Es war eine Befreiung. Man könnte es mit einem

Modewort *Selbstermächtigung* nennen. Ich hatte etwas vom Engen, Schmerzhaften, Eingesperrten, Unfreien meiner Jugend abgelegt, in einem direkten physischen Sinn. Habe ich nicht am Anfang geschrieben, dass die Zeit, in der wir leben, sich in unseren Körpern abbilde? Vielleicht gibt es kein besseres Beispiel dafür als diese kleine Geschichte, und deshalb habe ich sie auch erzählt.

Fuß

Ich betrachte den großen Zeh meines *linken* Fußes. Er ist dicker als der große Zeh des *rechten* Fußes, nein, er schaut geradezu verbeult aus. Manchmal wird er rot und schmerzt. Das sei Arthrose, hat der Orthopäde gesagt, aber was solle man machen? Sei halt so. Auch nicht schlimm.

Seltsamerweise gibt es über meinen linken Fuß mehr zu sagen als über den rechten. Das ist interessant, nicht wahr? Es gibt auch über meine linke Hand mehr zu sagen als über die rechte. Vielleicht liegt das daran, dass ich Rechtshänder bin, also wenn ich zum Beispiel mit einem Messer hantiere und mich schneide, dann schneide ich mich in die linke Hand, logisch, davon war ja schon die Rede. Rechts ist sozusagen die Täterseite, links die Opferseite, und das hat Auswirkungen auf alle möglichen Körper-Ereignisse.

Zum Beispiel habe ich mir vor Jahrzehnten die Achillessehne am linken Fuß gerissen, beim Tennis, wo ich den Schläger mit der rechten Hand hielt.

Die Sache passierte im Januar, in einer Tennishalle, nicht draußen. Ich hatte einen Ausfallschritt gemacht, und plötzlich war ein lauter Knall zu hören, eine Art *Plopp*, ein Ploppknall. Alle in der Halle unterbrachen ihr Spiel und schauten herum. Auch ich blickte mich um. Ja, ich brachte mich selbst im ersten Moment nicht mit dem Ploppknall in Verbindung, nichts schmerzte, und ich konnte normal gehen. Ich wusste aber sofort, dass die Sache mit mir zu tun hatte. Der Körper weiß so etwas, der Fuß weiß es, das Bein weiß es, nur das Gehirn will es nicht wahrhaben. Es hat andere Pläne, will abends ein Buch lesen und vorher nach dem Tennis den sanften Nebel eines Weißbiers spüren. Nicht im Krankenhaus herumliegen.

Also versucht es, den Scheißknall am Scheißlinkenfuß zu ignorieren.

Ich schaute in der Scheißhalle herum.

Aber da war niemand, dem etwas passiert war, und allmählich spürte ich eine stärker werdende Irritation in der Wade. Es war, als ob die Wade erst leise, dann stärker an die Tür des Zimmers klopfte, in dem das Gehirn seinen Gedanken nachzuhängen versuchte, und als das Gehirn nicht reagierte, schickte die Wade den Schmerz, dem sich jede Tür öffnet. Zuerst den kleinen Schmerz, dann den großen, der so groß war, dass mir speiübel wurde. Da war ich schon im Krankenhaus. Mein Tennispartner hatte mich dorthin gefahren.

Am nächsten Tag wurde ich operiert. Ich bekam danach einen riesigen blauen Gips um das gesamte Bein, wuchtete das sperrige Ding in ein Taxi und fuhr heim. Kaum saß ich auf dem Sofa, wurde mir wieder elend. Wieder wollte das Gehirn von der Sache nichts wissen. Aber weil sich nun der linke Fuß, das ganze Bein und auch noch der Magen gemeinsam beschwerten, musste es handeln. Ich fuhr zurück in die Klinik. Man hatte den Gips zu eng gemacht, also wurde er aufgeschnitten, weggeworfen, und ein neuer wurde angelegt. Der war auch wieder blau.

Blau, blau, blau sind alle meine Gipse.

Mit dem lag ich dann daheim oder ging an Krücken herum, wobei: Weit kommt man damit nicht. So ein Gips ist schwer und außerdem hinderlich. Es war, als müsste ich mit einem eins siebzig langen Alpinski samt Stiefel am linken Fuß leben. Das schließt Spaziergänge, aktiven Sex und Schaumbäder aus.

Sechs Wochen lang trug ich ein riesiges linkes Blaubein durch die Welt. Aber das ging ja noch, wenn das Verb in dem Zusammenhang erlaubt ist.

Das Schlimmste war der Juckreiz. Seltsamerweise jucken Körperstellen, von denen man sonst nie etwas hört, sofort, wenn sie in der Unerreichbarkeit eines Gipsbeins verschwinden. Hat man einen solchen Gips, der bei den Zehen beginnt und kurz unterhalb der Baumelgrenze des Hodensacks endet, wird es knapp unterhalb der Kniekehle jucken.

Und zwar nicht nur ein bisschen.

Sondern so, dass du schreien möchtest, dass dein Hirn nur noch ein Gefühl kennt: Juckjuckjuck. Und dass du den gesamten Haushalt nach irgendetwas durchsuchst, mit dem du den Juckpunkt erreichen könntest. Ein Bürolineal reicht nicht aus. Ein Kochlöffel auch nicht. Du versuchst es mit einem Zollstock. Aber der lässt sich nur alle 20 Zentimeter klappen, das reicht nicht, um das Knie unter dem Gips zu umkurven. Irgendwo findest du einen dieser Mini-Zollstöcke, die alle zehn Zentimeter aufgedreht werden können. Damit landest du ungefähr zwei Zentimeter vor der juckenden Stelle. Es ist wie in einem Actionfilm: Des Retters Hand ist ganz dicht an der Hand dessen, der von der Dachrinne hängt. Aber er kommt nicht ran. Der Hängende fällt. Es ist zu Ende mit ihm.

Der Juckpunkt bleibt.

Dann ist nur noch eine Möglichkeit vorhanden: Ignoranz. Härteste Verdrängung. Es ist, als ob ein militärischer Außenposten permanent ans Hauptquartier funkte: Holt uns hier raus! Wir liegen unter Sperrfeuer, holt uns hier raus, verdammte Scheiße, ihr Arschlöcher, holt uns! Und die Zentrale schweigt. Hat den Funk abgeschaltet.

Es hilft. Allerdings nur der Zentrale.

Schließlich kam der Gips runter. Ich sah mein Bein zum ersten Mal seit anderthalb Monaten wieder. Es hatte abgenommen, Muskelschwund. Und ich konnte mich unterhalb des Knies ohne Probleme kratzen.

Aber es juckte nicht mehr.

Eines Tages, viel später, entdeckte ich an der Sohle meines linken Fußes, dort, wo sie sich nach oben wölbt, einen Knubbel. Die Orthopädin, die ich diesmal aufsuchte, sagte zielsicher, es handele sich um *Morbus Ledderhose*, eine gutartige Bindegewebseinlagerung, benannt nach dem deutschen Chirurgen Georg Ledderhose, der die Sache 1894 zum ersten Mal beschrieb.

Aber sicherheitshalber solle ich ein MRT anfertigen lassen.

Das tat ich.

Die Aufnahme wurde gemacht. Dann wartete ich geschlagene anderthalb Stunden lang auf das Gespräch mit dem Radiologen, hockte im Wartezimmer, phantasierte von Fußsohlenkrebs, dachte an den alten Satz *Es sah zuerst ganz harmlos aus* und hatte genug Zeit, mir vorzustellen, wie der Mann hinter der Tür in seinem Büro saß, die Aufnahme betrachtete und grübelte, wie er mir beibringen solle, dass eine Raubtiergeschwulst meinen Körper vom linken Fuß aus auffressen würde. Wie er meine Orthopädin anrief und flüsterte: O mein Gott, ich habe so was noch nie gesehen, es ist ein Monster. *Ledderhose?* Nein, verdammt, es ist etwas völlig Unbekanntes … Wie er seine Kollegen zusammenrief, wie sie alle mein Fußbild anstarrten und entsetzt schwiegen wie eine Crew von Astronauten, die im Weltall eine riesige Armada feindlicher Raumschiffe entdeckt hat.

Dann wurde ich hereingerufen.

Der Radiologe strahlte. Er habe ein wenig überlegen müssen, aber er sei sich sicher. *Morbus Ledderhose.*

Mich erinnert das an eine andere Krankheit, die ich habe. Sie heißt *Morbus Meulengracht* und ist benannt nach dem dänischen Arzt Einar Meulengracht, der sie entdeckte. Aber nicht bei mir.

Nach meiner Achillessehnen-Operation sagte ein junger Assistenzarzt zu mir, meine Leberwerte seien doppelt so hoch wie normal, außerdem sei das Weiße in meinen Augen gelb.

Das müssen Sie dringend untersuchen lassen.

Kaum hatte ich das Krankenhaus verlassen, schleppte ich mich an meinen Krücken zu Professor D. Ich sei wohl schwer leberkrank, sagte ich zu ihm und dachte an einen alten Freund, der zu einer Routine-Untersuchung beim Kardiologen gewesen und einen Tag später wegen eines Lungentumors operiert worden war.

D. lächelte müde und sagte, ich hätte *Morbus Meulengracht*, da sei er sicher, eine harmlose Stoffwechselstörung, die zu erhöhtem Bilirubin-Spiegel im Blut führe. Etwa acht Prozent der Bevölkerung seien betroffen, mehr Männer als Frauen, und nach einer erhöhten Belastung der Leber bei einer Operation könne es vorkommen, dass die Augen gelb würden. Das sei auch schon wieder weg, wenn er recht sehe. Die gute Nachricht: Möglicherweise schütze *Meulengracht* vor Herz-Kreislauf-Erkrankungen.

Ein Grund zur Freude.

Ist es nicht interessant, dass man eine Krankheit durch reinen Zufall entdeckt? Und dass es dann eine *nützliche* Krankheit ist?

Einerseits.

Andererseits berühren wir hier ein Grundproblem des Körpers: den Verdacht nämlich, dass er in aller Stille Kalamitäten ausbrütet und wir erst nebenbei davon erfahren. Es gibt immer ein gewisses Misstrauen dem Körper gegenüber, bei dem einen Menschen größer, beim anderen weniger groß. Er scheint eine Neigung zur Heimlichtuerei zu haben, der Körper, zur Selbstzerstörung. Denn er geht ja selbst drauf, wenn er uns etwas nicht mitteilt, das wir aber wissen sollten.

Bin ich ein Hypochonder?

Schwer zu sagen. Meiner Meinung nach erkennt man

einen Hypochonder daran, dass er auf die Frage, ob er ein Hypochonder sei, antwortet: Nein, auf keinen Fall. Denn jeder Hypochonder ist davon überzeugt, krank zu sein. Also wird er die Frage als Angriff auf sich werten, als Zeichen der Nichternstnahme seines Leidens. Stellt man aber einem Nicht-Hypochonder dieselbe Frage, wird er ebenfalls antworten: Nein, natürlich bin ich kein Hypochonder. Stimmt ja auch.

So gesehen gibt es Hypochonder nicht.

Jean-Baptiste Poquelin, der den Künstlernamen Molière benutzte und das berühmteste Theaterstück schrieb, das es über Hypochonder gibt, *Le Malade imaginaire,* dessen Titel immer mit *Der eingebildete Kranke* übersetzt wird, obwohl es heißen müsste: *Der eingebildet Kranke,* weil die Hauptfigur Argan ja nicht *eingebildet* ist, wohl aber *eingebildet krank*, Molière also war selbst kein Hypochonder. Vielmehr war er einerseits wirklich krank, verachtete aber andererseits die Ärzte, die zu seiner Zeit nicht wirklich Heilberufler waren, sondern Kurpfuscher, die sogar König Ludwig XIV., dem Sonnenkönig, dessen Vergnügungsdirektor Molière quasi war, beim Zähneziehen den Kiefer brachen und seine Krankheiten mit Pferdemist zu kurieren versuchten.

Molière hustete viel, weshalb, wie ich gelesen habe, auch seine Figuren oft hüsteln oder husten. Das machte es ihm leichter, sie selbst zu spielen, auch wenn er krank war. Das war er oft. Am Ende seines Lebens litt er an Tuberkulose, was ihn nicht hinderte, die Titelrolle seines letzten Stückes, den Argan eben in *Le Malade imaginaire*, selbst zu spielen. Während der vierten Aufführung erlitt Molière einen Blutsturz, den das Publikum für einen Scherz im Rahmen des Stückes hielt. Die Aufführung wurde abgebrochen. Man brachte Molière nach Hause. Dort starb er, noch im Kostüm.

Der nichthypochondrische Kranke starb in der Rolle des hypochondrischen Nichtkranken. Ist es zu fassen?!

Um zur Frage zurückzukommen, meine Antwort ist: Nein, ich bin kein Hypochonder.

Aber das hilft uns nicht weiter.

Was hilft uns überhaupt weiter?

Wo waren wir denn?

Bei meinem linken Fuß. Da bin ich aber echt weit vom Thema abgekommen, nicht wahr? Aber irgendwie passt es, denn was ist weiter von meinem Hirn, in dem dieser Text entstand, entfernt als eben dieser Fuß?

Gehirn

Als Kind litt ich oft unter Kopfschmerzen: ein Bohren, Pochen und Stechen hinter der Stirn, ein Gefühl, als platze der Schädel, etwas, das nur zu ertragen war, wenn ich allein im dunklen Zimmer war, niemand mit mir sprach und ich irgendwann, vielleicht, einschlief. Als Jugendlicher später konnte ich Kopfwehtabletten nehmen, das tat ich. Die Schmerzen blieben mir als jungem Mann, im Studium. Ich ging zu einem Arzt, der mich mit einem professionellen Da-kann-ich-nichts-machen-Gesicht ansah und sagte, *er glaube, das sei psychisch.*

Jetzt Folgendes: Ich bin in einer Welt aufgewachsen, in der alles, was mit Psy oder psy anfing, als irre galt. Psychiater waren für meine Eltern und Großeltern, meine Onkel und Tanten Irrenärzte. Psychologen waren ihren Ansichten nach selbst irre. Mir zu sagen, *etwas sei psychisch,* bedeutete, es sei nicht existent. Denn wenn es existent gewesen wäre, hätte es bedeutet, ich würde den ersten Fuß über die Schwelle des Psy und also ins Reich des Verrücktseins setzen – und wer will das?

Ich nahm weiter Tabletten. Ich wollte nicht ins Psyrenhaus.

Später – ich arbeitete als Reporter – schlief ich vor jedem größeren Projekt eine Nacht fast gar nicht und wachte nach kurzem Wegnicken in den Morgenstunden mit Hämmern und Meißeln im Schädel auf. Eine Tablette, auch zwei, dann brach ich auf zu einer Reise von vier, fünf Tagen, an deren Ende ich eine Zeitungsseite mit meinen Erlebnissen gefüllt hatte. Ich konnte das gut, es funktionierte. Ich war ein guter Reporter, die Arbeit interessierte mich. Ich war fasziniert von den Geschichten, die Menschen erzählten. Während sie das taten, entspannte ich mich.

Aber *vorher* (das änderte sich nie) war da diese Nacht, gefüllt mit quälenden Gedanken: Wirst du in den kommenden wenigen Tagen genug erleben für diese eine Seite? Und was geschieht, WENN NICHT?

Es war wie in der Kindheit. Ich wollte ein braver Junge sein, wollte schaffen, was man mir aufgetragen hatte, braver, guter Zeitungsjunge.

Das schlimmste Kopfweh meines Lebens hatte ich nach dem Tod meines Vaters. Er war ja sehr plötzlich gestorben, ich war 38 Jahre alt und trauerte nicht, weil ich dazu keine Zeit hatte. Ich dachte nur daran, dass ich mich um meine Mutter kümmern müsste, und lag hilflos vor Schmerzen herum, bis Tabletten halfen. Braver, guter Sohn.

Ich ging zu einer homöopathischen Ärztin. Sie redete zwei Stunden lang mit mir über mein Leben und meinen Körper. Das hatte noch nie ein Arzt getan, überhaupt kein Mensch.

Ich bekam kleine Kügelchen und schluckte sie. Alles wurde besser. Heute glaube ich, dass nicht die Kügelchen mir halfen, wohl aber die Zugewandtheit der Ärztin. Das Gespräch. Wir versuchten, auch andere Leiden mit den Kugeln zu bekämpfen, aber da wirkten sie nie. Ich verlor den Glauben an die Sache. Aber ich begann, etwas anderes zu gewinnen: das Vertrauen in die heilende Wirkung des Redens, in den Austausch mit anderen Gehirnen, die anderes Wissen und andere Erfahrungen haben und damit mein Hirn bereichern und verändern können.

Ich begann eine Psychoanalyse, beendete sie auch mehr oder weniger erfolgreich. Über die weiteren Jahrzehnte hinweg habe ich nie aufgehört, mit Psychotherapeuten zusammen mein Leben zu reflektieren. Und ich kann sagen, dass ich seit zwanzig Jahren kein Kopfweh gehabt habe. Ich habe gelernt, wie ich leben muss, damit ich keine Schmerzen habe, spät, aber doch. Ich habe in langen Prozessen begriffen, wie ich am besten mit mir selbst zurechtkomme, ohne tatsächlich verrückt zu werden im Sinne des Begriffs. *Ver-rückt* sein heißt doch, *aus der Spur zu rücken,* neben sich zu stehen, nicht der oder die zu sein, der oder die man sein könnte, wäre man nicht verrückt.

Ist das nicht interessant? Dass Leben heißt, *mit sich selbst leben zu lernen*? Und dass dies aber auch bedeutet, Wahrheiten anzuerkennen, Tatsachen ins Gesicht zu blicken und anzuerkennen, was sie bedeuten? In meinem Fall zum Beispiel: Du kannst noch so sehr Reporter sein wollen, es ist nichts für dich. Dein Körper hält es nicht aus – und warum nicht? Weil es vielleicht nicht du warst, der so sehr Reporter sein wollte? Sondern jemand anders wollte, dass du es bist?

Es war also psychisch. Aber es war mein Körper, der mir diese Tatsache nachdrücklich beibrachte. Der Satz war beim Arzt damals aus seiner Sicht die Endstation. Es klang wie: *Auf Wiedersehen, mein Herr, mir scheint, Sie sind ein wenig psy.*

Im Grunde hätte es ein Anfang sein müssen.

Man hätte mir sagen müssen, dass nicht mein Gehirn schmerze, sondern etwas anderes.

Denn das Gehirn kennt keinen Schmerz. Man kann mit einer Nadel hineinstechen, es wird nichts spüren. Es hat keine Rezeptoren für den Schmerz. Der Kopfschmerz sitzt nicht im Gehirn, obwohl es sich so anfühlt.

Er sitzt in den Blutgefäßen der Hirnhaut, die sich entzünden, warum auch immer.

Der berühmte Göttinger Physiker Georg Christoph Lichtenberg – der erstens vom Schicksal mit einer Wirbelsäulenverkrümmung geschlagen und zweitens der Begründer des Aphorismus in Deutschland war, der knappen, geistreichen Sentenz also – schrieb, sein Körper sei der Teil der Welt, den Gedanken verändern könnten. Er meinte damit nicht nur Gedanken, sondern vor allem Gefühle.

Ja, fühlt sich mein Körper nicht anders an, wenn ich morgens beschwingt von guten Empfindungen das Haus verlasse, als wenn ich abends gedrückt von den Niederlagen des Tages heimkehre? Gefühle können den Körper beeinflussen: die Angst zum Beispiel, die mich nachts mit den Zähnen knirschen lässt, mir an schlechten Tagen den pfeifenden Ohrton zur Last macht und mir einst brüllendes Kopfweh verursachte.

Bloß: Natürlich sind auch Gefühle kein ätherisches Nichts, sondern physische Vorgänge, körperliche Abläufe.

Eine Zeit lang hatte mich eine so große, durch nichts mehr beherrschbare Angst erwischt, dass ich jede Nacht um halb drei aufwachte und nicht mehr schlafen konnte. Da halfen kein Meditieren und keine Therapie, kein Sport und keine kalten Duschen. Ich lag da, schweißgebadet und so sehr von wirren, immer gleichen Sorgen gepeinigt, dass ich zu einem Psychiater ging.

Liebe Eltern, hört ihr mich? Euer Sohn ist bei einem Psychiater gewesen. Aber schlaft still. Es wurde alles gut.

Der Mann diagnostizierte eine *generalisierte Angststörung*. Was ist das? Im Grunde hatte sich die Angst von allen Gegenständen gelöst. Sie existierte als vagabundierendes Gefühl, suchte sich ihre vermeintlichen Auslöser. Am Anfang war die Angst, dann deren Ursache.

Ich bekam Tabletten, die ich jeden Tag nahm und die mir halfen. Diese Tabletten sind Serotonin-Wiederaufnahmehemmer. Serotonin ist ein Botenstoff. Dieser Stoff wird vom Körper verwendet, um den Spalt zwischen zwei Nervenzellen zu überbrücken, der Prä- und der Postsynapse. Serotonin wandert von der Prä- zur Postsynapse.

Die Serotonin-Wiederaufnahmehemmer jedoch verhindern diese sogenannte Wiederaufnahme an der Postsynapse und sorgen dafür, dass sich die Konzentration von Serotonin genau in diesem Spalt erhöht – es kann ja nicht weiter. Und weil Serotonin ein Stoff ist, der die Stimmung des Menschen beeinflusst, verändert sich diese durch die Konzentration des Hormons (denn ein solches ist Serotonin) zum Positiven.

Ist es nicht faszinierend, was in mir geschieht? Man tritt dem eigenen Körper nahe und entdeckt ein Wunder.

Gedanken verändern den Körper, hatte Lichtenberg geschrieben. Von Serotonin wusste er nichts. Aber er hatte es gemeint.

Ich schlief wieder gut, meine Sorgen schrumpften auf ein berechtigtes Maß. In gewisser Hinsicht überkam mich eine Wurschtigkeit dem Schicksal gegenüber. Vor allem aber war ich wieder aktiv genug, alle anderen vorbeugenden Maßnahmen gegen depressive Verstimmungen zu ergreifen und ihnen Vorrang im Leben zu geben. Ich trieb jeden Tag Sport, duschte morgens ausgiebig kalt, kochte viel, genoss das Leben. Mir ging es gut. Geht es gut.

Was ich daran so interessant finde, ist Folgendes.

Ich hatte immer die Neigung, mein Gehirn sozusagen als Zentrum meiner selbst zu sehen, als Sitz meines Ichs. Auf die Frage *Hast du einen Körper oder bist du ein Körper?* wäre meine Antwort spontan immer gewesen, *dass ich einen habe.*

Aber wer ist: ich?

Erst mal würde man unvermittelt sagen: Ich bin mein Hirn.

Hinter einer solchen Antwort stecken Tausende von Jahren Philosophiegeschichte. Der Mensch, lehrte Platon, besteht aus Körper und Geist, und der Geist überdauert den Körper. Die großen Religionen haben daraus den Dualismus von Seele und Körper gemacht.

Die Seele hat den Körper als zeitweiligen Wohnsitz. Ihre Bestimmung ist ein anderer Ort.

Im Grunde ist Religion aber ein Mechanismus zur Herstellung von Trost für den vom Leben und von Todesangst gebeutelten Menschen. Fürchte dich nicht, sagt sie, deinem Körper mag Übles geschehen, aber deiner Seele nicht. (Wenn du der Religion gehorchst.)

In unserem naturwissenschaftlichen Denken ist daraus noch etwas anderes geworden, eine Zweiheit von Hirn und Körper. Der große zeitgenössische Philosoph Lothar Matthäus hat das so formuliert: »Ein Lothar Matthäus lässt sich nicht von seinem Körper besiegen, ein Lothar Matthäus entscheidet selbst über sein Schicksal.«

Das Gehirn herrscht über den Körper, so der Gedanke. Es ist das Wichtige. Im Grunde wäre sogar ein Gehirn ohne Körper denkbar.

In Goethes *Faust II* gibt es den *Homunculus*, einen künstlich geschaffenen Menschen, der nur in einem Glas zu leben imstande ist – zwar fähig zu denken, zu fühlen und zu sprechen, doch eines Körpers entbehrend: *ein leuchtend Zwerglein! Niemals noch gesehn!*

Ein Gehirn *in vitro*.

Es fragt um Rath und möchte gern entstehn.
Er ist, wie ich von ihm vernommen,
Gar wundersam nur halb zur Welt gekommen.

Ihm fehlt es nicht an geistigen Eigenschaften,
Doch gar zu sehr am greiflich Tüchtighaften.
Bis jetzt gibt ihm das Glas allein Gewicht,
Doch wär' er gern zunächst verkörperlicht.

Vielleicht ist das, nebenbei gesagt, die einzige Literaturstelle, in der das Verb *verkörperlichen* auftaucht, das Goethe wohl auch nur um des Reimes und der Silbenzahl willen erfand. Gemeinhin geben wir uns mit dem *verkörpern* zufrieden, das irgendwie lustig klingt. Man könnte es ja auch wie *verknorpeln* oder *verkalken* oder *vertrocknen* verstehen, als Verb, das einen voranschreitenden Prozess beschreibt.

Waren wir nicht alle seinerzeit am Ende der Pandemie *total verkörpert*, übergewichtig und dazu auf physische Symptome fixiert, also nicht nur geistig, sondern auch im fleischlichen Vorhandensein mürbe und müde?

Wie auch immer.

Was an Goethes Sätzen anrührt, das ist diese Sehnsucht des Homunculus nach einem Körper. Das Hirn in seiner Schale will nicht ohne ihn sein, es möchte sich verkörperlichen. Damit sind wir bei Tatsachen, die Goethe nicht kennen konnte. Wir heute aber schon.

»Was ist die wichtigste Aufgabe Ihres Gehirns?«, fragt die amerikanische Psychologin Lisa Feldman Barrett in *Siebeneinhalb Lektionen über das Gehirn* und antwortet:

»Nicht das rationale Denken. Nicht Ihre Gefühle. Nicht Ihre Phantasie, Ihre Kreativität oder Ihr Mitgefühl. Der wichtigste Job Ihres Gehirns ist die Kontrolle über Ihren Körper, um dessen Allostase aufrechtzuerhalten.«

Was um Himmels willen ist *Allostase*?

Es geht hier, laienhaft gesprochen, um die Anpassung des Körpers an äußere Anforderungen, Stress zum Beispiel. Die Arbeit des Gehirns, so Feldman Barrett, regele die Arbeit eines sehr komplizierten Körpers. Es orchestriere mehr als 600 Muskeln, reguliere Dutzende von Hormonen, arbeite daran, dass etwa 7500 Liter Blut am Tag durch den Körper gepumpt werden, versorge sich selbst – also Milliarden von Zellen – mit Energie, verdaue Nahrung, scheide Abfallstoffe aus, bekämpfe Krankheiten. »Ihre Körperbuchführung ist vergleichbar mit der Buchhaltung eines multinationalen Konzerns, und Ihr Gehirn ist dieser Aufgabe gewachsen.« Es ist ein Netzwerk aus 128 Milliarden Neuronen, verwoben zu einer »einzigen massiven und gleichzeitig flexiblen Struktur«.

Es bedeutet auch: Ohne Körper hat das Gehirn seine eigentliche Aufgabe nicht. Es muss verkörperlicht sein. Sonst ist ihm langweilig.

Das wiederum aber heißt: Es ist nicht richtig, das Hirn getrennt vom Körper zu sehen, als Sitz des Ichs, des Selbsts. Es ist auch nicht richtig, den Körper als dem Hirn untergeordnet zu betrachten.

»Wir sind nicht unser Gehirn«, schreibt der amerikanische Philosoph Alva Noë in einem Buch, dessen Titel genau das schon sagt: *Du bist nicht dein Gehirn,* heißt es. Ich lese darin: »Das Gehirn ist vielmehr ein Teil dessen, was uns ausmacht.«

Noë knüpft daran eine umfangreiche Betrachtung dessen, was wir Bewusstsein nennen, und widerspricht der uns allen eingebauten Vorstellung, »dass Bewusstseinsvorgänge im Kopf ablaufen, so wie die Verdauung im Magen stattfindet«. Bewusst zu sein, heiße, »wach, rege und aufmerksam zu sein«. Das sei keineswegs ein Zustand, den unser Gehirn allein hervorbringe. Es erfordere vielmehr »die Zusammenarbeit von Gehirn, Körper und Welt«.

Das bedeutet: Ich *habe* keinen Körper. Ich *bin* ein Körper.

So ergibt sich eine interessante Sichtweise. Denn es scheint ja so, als hätte der Körper in unserer Zeit eine neue Wichtigkeit gewonnen. An jeder Ecke ist von seiner Bedeutung die Rede, von Fitness, Wellness, Training und Kosmetik, von der Umgestaltung der physischen Gegebenheiten durch plastische und andere Chirurgie. Riesige Wirtschaftszweige haben sich entwickelt.

»Doch geht es dabei weniger um eine Anerkennung des Körpers als fühlendes, denkendes und sich bewegendes Subjekt, als vielmehr um den Körper als Objekt, das man gestalten, optimieren, verschönern, trainieren kann, als Objekt, mit dem sich Geld verdienen lässt – um den Körper als Konsumbereich«, schreibt der Therapeut Adrian Mühlebach in *Der Körper, der ich bin*. In einer solchen Sicht ist der Körper immer noch dem Hirn untergeordnet, er tut angeblich, was rational angeordnet worden ist.

Aber ist das so?

Natürlich kann man den Körper in vielerlei Hinsicht beeinflussen, in anderer allerdings auch nicht. Der Körper ist mehr als ein Befehlsempfänger. »Er ist die Manifestation meines Lebens«, heißt es bei Mühlebach. »Durch ihn lebe ich, fühle und denke ich, nehme ich wahr, handle ich, erinnere ich mich. In ihm ist meine Lebensgeschichte mit all ihren Episoden gespeichert.«

Und er ist in der Regel nicht, wie man ihn gern hätte. Aber er ist »ein Faktum«, so Mühlebach, »mit dem wir uns ein Leben lang auseinandersetzen müssen«.

Der egoistische Mensch der Moderne kann diesen Gedanken schwer ertragen. Er mag nicht akzeptieren, dass er etwas nicht bestimmen kann. Und so ist einerseits die erfolgreiche Welt der modernen Medizin und Pharmazie entstanden, andererseits auch jene ständig fordernde Sphäre, in der Menschen neben allem ohnehin Mühsamen ihrer Existenz auch noch ihre Nasen verschönern lassen, auf Laufbändern ins Nichts eilen, von

Schlammpackungen bedeckt zu erheblichen Preisen in mehr oder weniger luxuriösen Hotels dahindämmern und sich Fotos ihrer Mahlzeiten schicken. In der uns heute eine Ernährungsberaterin sagt, wir sollten unter keinen Umständen Brot zu Beginn einer Mahlzeit essen, weil das den Blutzucker ungesund in die Höhe schießen lasse, und in der wir morgen begierig etwas über den Polyphenol-Gehalt von Olivenöl und dessen Auswirkungen auf die Zellstruktur unseres Leibes lesen.

In der wir ununterbrochen Anweisungen zur Körperoptimierung erhalten und unser Körper als hirngesteuerte Mechanik erscheint, deren Existenz sich, *wenn wir nur endlich klug genug wären,* um Jahrzehnte und Jahrzehnte verlängern ließe.

Was vergessen wird, ist *das Leben*, das sich trotz aller Anstrengungen nicht und schon gar nicht in allen Details bestimmen lässt. Was wir einfach nicht akzeptieren wollen, ist auch, dass dieses Leben nicht der Herrschaft des Gehirns unterworfen ist.

»Leben hat viel mit Hingabe zu tun, mit Geschehen lassen, mit Zulassen, mit dem Annehmen unserer konkreten Existenz«, schreibt Mühlebach.

Warum wünscht sich der Homunculus – *nur halb zur Welt gekommen* – so sehnlich und anrührend seine Verkörperlichung?

Genau aus diesem Grunde vermutlich: weil ihm das

Konkrete fehlt, das Anfassen, das Berührtwerden, Regen auf der Haut frühmorgens beim Nordic Walking, das Betrachten eines Bildes von William Turner, der Geruch von frischem Kaffee, die Musik von *Headache*, der Klang der Stimme meiner Frau, das Knarzen eines Buchrückens, wenn man das Buch aufschlägt. Die Berührung anderer Körper. Haut auf Haut. Sex. Aber auch der Schmerz eines Sturzes auf eine Bordsteinkante in Barcelona, eines Zahnes, dem ich nicht genug Beachtung geschenkt habe, oder eines Messerschnitts in Italien. Die Auseinandersetzung mit der Welt, die wir in ihrer ganzen Banalität und Schönheit, in ihrer Widerwärtigkeit und der Fülle ihrer Erscheinungen nur mit dem Körper in seiner Widerwärtigkeit und seiner Fülle erfahren können.

Wie sonst?

Der Körper fordert den Menschen immerzu auf, das Leben als Ganzes zu sehen, als etwas, das keineswegs nur schön ist, sondern auch ekelhaft, das wehtun kann und uns leiden lässt. Man kann seinem Körper Gutes tun, man kann so leben, dass er akzeptabel funktioniert, man kann das Maschinelle an ihm sehen. Muss man sogar.

Aber wie wäre es, man würde hier und heute beschließen, ihn auch als Bestandteil von etwas Großem zu nehmen, als Teil der Welt, mit der er im Austausch steht, einer Welt, die wir nicht beherrschen können? Als

Partikel eines gigantischen Systems, in dessen Rahmen nahezu unsichtbare Spinnen auf uns leben, während die äußersten Elektronen unserer Hautatome uns umschwirren und wir mithilfe von Milliarden winziger Lebewesen, die unser Inneres besiedeln, ein anderes Lebewesen verdauen – und wenn es nur ein Brokkoli ist oder eine Wurst, die mal ein Schwein war?

Ich habe meine Kopfschmerzen gehasst, es hat mich gestört, dass ich an Krücken durch London laufen musste, und ich trage meinen Eltern bis heute nach, dass ich wegen meiner Phimose so eingeschränkt war.

Aber kann man wirklich annehmen, das wahre Leben bestehe in der Abwesenheit solcher Missstände? Sind es nicht gerade diese Körperprobleme, die uns mit dem Leben in seiner Gänze bekannt machen? Lassen nicht sie uns verstehen, was das heißt: zu leben? Dass es nämlich bedeutet, nicht nur immerzu etwas zu verlangen, sondern auch, etwas hinzunehmen? Einzustecken? Anzuerkennen?

Wollen wir wirklich immer glücklich sein? Oder ist *das* gerade unser Irrtum, die Verhirnung unseres Lebens nämlich? Käme es nicht vielmehr darauf an, dieses Dasein als ein Ganzes zu verstehen, ein Dasein, in dem es sein kann, dass einem erst fürchterliches Schädelweh einen Weg aus einer Misere zeigt und Ignorieren des Körpers in dieselbe führt? Dass wir auf nichts einen Anspruch haben, aber viele Möglichkeiten, wenn wir genau das erst einmal akzeptieren könnten?

Ich habe jedenfalls irgendwann lernen müssen, dass ich nicht so viel aushalten kann, wie ich dachte.

Eines der krassesten Ereignisse in meinem Leben fand vor Jahren an einem Morgen in Bozen statt. Vielleicht haben Sie mein Buch *Wozu wir da sind* gelesen, ich habe die Geschichte darin der Hauptfigur Walter Wemut angedichtet. Wahrscheinlich haben Sie es nicht gelesen, also erzähle ich.

Ich befand mich damals in ungeheurem Stress, hatte zu viel gearbeitet, fürchtete nach einem schrecklichen Ereignis um das Leben eines meiner Kinder und auch eines Enkels. Am Abend zuvor hatte ich vor Südtiroler Journalisten einen Vortrag gehalten und, statt mich zurückzuziehen, mit ihnen Wein getrunken und geplaudert, weil ich dachte, ich müsste das aus Höflichkeit tun.

Am Morgen wachte ich im Hotel auf. Meine Frau, die mich begleitet hatte, war im Bad. Und von einem Moment auf den anderen fühlte ich mich in schwer zu beschreibender Weise seltsam. Ich bekam es, wie mein Onkel Wolfgang das immer sehr schön ausdrückte, *mit der Angst zu tun* und rief meine Frau.

Sie fragte mich in ihrer ganzen unvergleichlichen Zugewandtheit und Geistesgegenwart, ob ich wisse, wo ich sei, was ich gestern getan hätte, ob ich eine Ahnung hätte, wie es um mein Kind und den Enkel stehe.

Wusste ich alles nicht.

Ob ich meinen Namen sagen könne, den meines Vaters, ob mir bekannt sei, wie sie heiße, wann ich geboren sei und wo.

Wusste ich alles.

Sie rief den Notarzt.

Ich ging zum Fenster, schaute hinaus und sagte, *das sei also Bozen.*

Dann lief das Programm ab. Notarzt, Sanitätswagen, Blaulicht, Verdacht auf Schlaganfall, Klinik, Untersuchungen, Heimreise, weitere Untersuchungen. Ärzte, Ärzte, Ärzte.

Ergebnis: ein eigentlich harmloses Ereignis, eine *Transiente Globale Amnesie*, TGA, im Englischen auch *amnesia by the seaside*, weil es zum Beispiel nach einem Sprung in kaltes Wasser auftreten kann, ein vorübergehender Verlust des Kurzzeitgedächtnisses, der nach spätestens 24 Stunden wettgemacht wird, in meinem Fall bereits nach zwei. Schon der Notarzt hatte diesen Verdacht geäußert. Er vermute keinen Schlaganfall, hatte er gesagt. Weil mich das entspannte, hatte ich bereits im Auto Scherze gemacht.

Ein Teil meines Gehirns hatte unter großer Beanspruchung versagt. Der Stress war zu groß gewesen. Es hatte partiell den Dienst aufgegeben, war in den *Tilt*-Modus getreten. Es war, als hätte sich in einem großen Lageraum ein wichtiger Computer wegen Überlastung abgeschaltet. Es war auch, als hätte ich für kurze Zeit in die Welt der Demenz schauen dürfen, in der es kein Gestern gibt und – was die Zukunft angeht – nur die Angst vor ihrer Ungewissheit.

Ich hatte die Kontrolle über mich selbst zum erheblichen Teil verloren.

Ich wage nicht, mir die Situation vorzustellen, wäre ich allein gewesen. Welcher Verwirrung ich ausgesetzt gewesen wäre ohne meine Frau, die wusste, was zu tun war, und auch veranlasste, dass genau das geschah.

Ich hatte in einen Abgrund geschaut. Hätte ich darauf verzichten können? Ja, natürlich. Aber manchmal führen unsere Wege den Körper an Abgründe. Dann ist es gut hineinzuschauen, weil man nur so erfährt, dass es hier auf keinen Fall weitergeht.

Herz

Ich stehe auf einem kleinen Friedhof am Rande meiner Heimatstadt, dem früheren Dorffriedhof der Gemeinde, die heute Teil der Stadt ist.

Meine Eltern liegen hier begraben, meine Großeltern, mein Patenonkel Wolfgang, dessen Schwiegermutter. Irgendwo in dieser Erde befinden sich auch Reste meines Großonkels Willi und seiner Frau Alice.

Die beiden hatten keine Kinder, nur einen Wolfsspitz. Das ist eine Hunderasse, die nach dem Krieg beliebt war, weil es sich um genügsame Tiere handelt, die zur Not auch Kartoffeln fressen. Onkel Willi und Tante Alice hatten auch einen Schrebergarten und waren in einem Verein, der sich der Züchtung von Spitzen verschrieben hatte. Wenn sie davon erzählten, war von *den Hundefreunden* die Rede: Der oder jener sei *ein Hundefreund*, hieß es, oder sie seien *mit den Hundefreunden* unterwegs gewesen.

Tante Alice hatte etwas Exzentrisches, sie sprach laut und mit spitzem Mund, war ausgesucht gekleidet und gut frisiert, und es hätte zu ihr gepasst, Zigarillos zu rauchen, aber das tat sie nicht. Onkel Willi, der Schlosser war und immer einen dreiteiligen Anzug mit Krawatte und der roten Nadel der IG-Metall trug, ein Bruder meines Großvaters, drückte mir manchmal Geld in die Hand: Ich solle im Dorfladen für zehn Pfennig Zigarren kaufen. Den Rest könne ich behalten.

Die beiden haben keinen Grabstein mehr. Wie gesagt, sie waren kinderlos, und Wolfsspitze kümmern sich nicht um Grabpflege. Wobei ich traurig war, als ich erfuhr, das Grab der beiden würde aufgelöst und eingeebnet, trauriger als bei anderen Verwandten. Es würde mir gefallen, jetzt auch vor ihrer Ruhestätte zu stehen, ich mochte beide. Aber da liegt längst jemand anderes, den ich nicht kenne. Willi und Alice kannten ihn auch nicht. Sie wohnten auch nicht hier im Dorf, dessen Bürgermeister mein Großvater war und das später, wie gesagt, eingemeindet wurde. Doch sie waren oft zu Besuch, und hier gab es Verwandte, die sich um ihr Grab kümmerten. Also.

Vater und Großvater liegen wenige Schritte voneinander begraben. Der Großvater starb 1969, da war er 75. Der Vater starb 1994 mit 73.

Beide starben auf die gleiche Art und Weise. Sie waren von einem Moment auf den anderen tot. *Plötzlicher Herztod,* sagt man. Eigentlich eine schöne Art zu sterben. Besser wäre nur, sich abends hinzulegen und morgens nicht mehr aufzuwachen. Aber man wird ja nicht gefragt.

Der Großvater kam von einer Gemeinderatssitzung nach Hause, er war dann oft aufgeregt und schimpfte. Als er sein Grundstück betreten hatte, das Gartentor geschlossen war und er unter dem herrlichen Kirschbaum vor seinem Haus stand, kippte er um und stand nie mehr auf.

Mein Vater war bei der Bank gewesen, hatte sich ins Auto gesetzt und war losgefahren. An der ersten Ampel musste er halten. Da setzte sein Herz aus, er drückte sterbend das Gaspedal durch und fuhr schräg über die Kreuzung in einen Gemüseladen. Glücklicherweise ist niemandem etwas passiert, außer ihm halt. Ich schätze, das mit dem herumfliegenden Gemüse bekam er nicht mit. Es wäre ihm unangenehm gewesen.

Ich weiß heute (damals wusste ich es nicht), dass es ihm Tage vorher nicht gut gegangen war, er sich hatte übergeben müssen und bereits einen Termin beim Arzt hatte. Vermutlich hatte er zu meiner Mutter den Satz gesagt, den er immer sagte, wenn er schlecht beieinander war: *Ich fühle mich nicht.* Es war seine Abkürzung von *Ich fühle mich nicht gut.*

Aber es ist nicht nur eine Abkürzung gewesen. Es war eine sehr schöne Formulierung, wie ich finde.

Er fühlte sich nicht.

Fühle *ich* ihn heute, hier auf dem Friedhof?

Solange er lebte, habe ich ihn nicht wirklich gefühlt, sondern immer auf eine Distanz gesehen, die nicht schön war – und ich meine das in einer körperlichen Hinsicht. Vielleicht fühle ich meinen Vater heute mehr als zu den Zeiten, in denen er physisch noch anwesend war. Vielleicht bilde ich mir das auch nur ein. Vielleicht möchte ich nur, dass es so ist. Mag sein, dass er in meiner Erinnerung und in meiner Phantasie (beides hängt ja eng zusammen) zu einer von mir geschaffenen Figur geworden ist, dem realen Vater noch ähnlich, aber nicht mit ihm identisch.

Jedenfalls hatte er vorher alle Anzeichen eines sich anbahnenden Infarkts, wie man heute weiß. Damals wusste man es nicht.

Die Tatsache, dass beide – Vater und Großvater – auf diese Art zu Tode kamen, hat mich oft beschäftigt und tut es noch. Im Grunde hätte ich nichts dagegen, so plötzlich *aus den Latschen zu kippen*, wie mein Vater es ausgedrückt hätte.

Aber vielleicht nicht schon mit 73, oder?

Hat mein Großvater geraucht? Ich weiß es nicht mehr. Mein Vater rauchte jahrzehntelang *wie ein Schlot*, so sagte er selbst, meine Mutter auch, sie starb schon mit 71, Schlaganfall. Ich erinnere mich an das rauchverhangene Wohnzimmer, wenn Freunde zu Besuch waren, an die *Stores*, die mehrmals im Jahr, wenn sie begannen, eine gelblich-ockerfarbene Färbung anzunehmen, abgehängt und in der Badewanne gewaschen wurden, wo sie am Schluss in einer trüben braunen Brühe schwammen. Dann kamen sie wieder blütenweiß vor die Fenster.

Die Elternlungen ließen sich nicht reinigen, und wie es in den Adern rund um die Herzen und Richtung Gehirn aussah, kann man sich denken. Sport haben sie nicht getrieben. Mein Vater saß den ganzen Tag im Büro. Von gesunder Ernährung war keine Rede. Er aß, was er kannte, das waren Wurst- und Fleischgerichte deutscher Art. Als wir in den Achtzigerjahren einmal mit ihm in ein italienisches Restaurant gingen, weigerte er sich störrisch wie ein Kind, etwas anderes zu sich zu nehmen als einen Obstsalat, die einzige Speise, die er hier kannte.

Manchmal sehe ich in den Spiegel und suche nach Ähnlichkeiten zwischen uns. Wir sind äußerlich nicht weit voneinander entfernt. Allerdings war er mit 68 ein alter Mann. Ich bin das nicht. Aber das denke ich vielleicht nur.

Ich habe mehr Haare als er, aber wenn wir nebeneinander stünden, würde man die nahe Verwandtschaft erkennen. Ich erkenne sie jedenfalls, auch in manchen

Bewegungen, in meiner Art, nach langem Sitzen manchmal für einen Moment gebeugt zu gehen. Andererseits hatte er zwei neue Hüften, ich hingegen nie Hüftprobleme. Und ich habe keinen Bauch wie er. Gestern Abend fiel mir auf, dass ich nach dem ersten langen Schluck Bier auf die gleiche Art die Unterlippe über die Oberlippe ziehe wie er.

Das ist mir unheimlich.

Versuche ich, jetzt Ähnlichkeiten zu entdecken, weil ich ihm zu Lebzeiten gerne näher gewesen wäre? Ist möglicherweise die häufige Umkreisung der Art seines Todes der seltsame Versuch, ihm körperlich endlich nahe zu sein? Oder ist es die Angst vor dem Ende, die mich beschäftigt? Will ich ihm nicht ähnlich sein, weil ich nicht mit 73 in einem Gemüseladen enden will, ausgerechnet? Sein Lieblingsgemüse war Braunkohl, den man mit viel Schweineschmalz zubereitete.

Jedenfalls würde ich mit 73 gerne in einem Gemüseladen fürs Mittagessen einkaufen.

Ich habe das Rauchen nur probiert. Zigaretten schmecken mir nicht, und als ich Pfeife und Zigarren ausprobierte, hatte ich das Gefühl, ich könnte Zungenkarzinome und Mundhöhlenkrebs geradezu wachsen spüren.

Vor etwa zwanzig Jahren bemerkte Professor D. meinen etwas zu hohen Blutdruck. Er dokterte herum, mehr Sport, Nüsse essen, weniger Stress und so. Ich selbst fand, ich litte am *Weißkittelsyndrom*, also: sofortige Blutdrucksteigerung bei Anblick eines Arztes. Eigentlich beruhigte mich D. ja immer, aber er trug eben einen weißen Kittel. Eines Tages schickte er mich zum Kardiologen. Der verpasste mir eine 24-Stunden-Blutdruckmessung. Tag und Nacht hatte ich eine Manschette um den Arm, die jede Viertelstunde aufgepumpt wurde, ein aufgeregtes Brummen, das aus dem Ärmel drang.

Seitdem nehme ich ein leichtes Blutdruckmittel. *Valsartan* der Name. Ergebnis: *gut eingestellte arterielle Hypertonie,* schreibt der Herz-Arzt. Trotzdem bin ich sofort wieder bei ihm, *wenn irgendwas mit dem Herzen ist,* wie mein Vater gesagt hätte. Manchmal flattert es und schlägt unregelmäßig, dann machen wir ein Langzeit-EKG, alles okay. Ist mir öfter schwindlig, stehe ich wieder auf der Matte und lasse mich beruhigen. Wobei ich mich stets dem gesprochenen Wort des Arztes hingebe. Seine Berichte lese ich nicht. Wenn doch, suche ich nach den Worten *normal* und *gering.*

Geringe Atherosklerose der hirnversorgenden Gefäße, gut.

Normale systolische und diastolische LV-Funktion, schön.

Aber was ist das hier?

Grenzwertig weite Aortenwurzel, Schreck, lass nach.

Manchmal scheint auch unerwartete Poesie durch.

Normale Flussprofile im Carotisstromgebiet, ist das nicht schön?

Vor ein paar Jahren habe ich ein CT vom Herzen anfertigen lassen. Ich sah danach mein eigenes Herz von innen auf einem Professorenbildschirm, ach, wenn mein Vater das erlebt hätte mit *seinem* Herzen. Oder besser nicht? Es fanden sich einige kleine Ablagerungen, flache Erhebungen an den Aderwänden wie Wurzelbuckel unterm Straßenasphalt. *Altersgemäß,* sagte der Professor, auch ein schönes Wort. Alles im Durchschnitt der entsprechenden Seniorenkohorte, allerdings schon an deren Spitze, schluck.

Zur Sicherheit nehme ich jetzt ein Statin zur Cholesterinsenkung und die Minimaldosis *ASS Dexcel 75* zur Blutverflüssigung. *Plaques* heißen die Buckel. Vor einem Infarkt platzt so ein Ding auf, dann entsteht eine Wunde im Gefäß, das Blut bildet ein Gerinnsel, um die Öffnung zu schließen, und so ein *Thrombus* kann dann weiterfließen und eines der Gefäße ums Herz herum verstopfen.

Irgendwo habe ich beim Lesen sogar das Wort *Blutkuchen* für dieses Pfröpflein aufgeschnappt. Blutkuchen! Erst Frankfurter Kranz, dann so was.

Professor D. sagt, ich hätte jetzt *Cholesterinwerte eines chinesischen Reisbauern*. Er jubelt es fast.

Die Bürokratisierung meines Körpers, seine ständige

Vermessung und Untersuchung, hat es mit sich gebracht, dass ich mit einem Blick auf die Uhr jederzeit meinen Puls feststellen kann. Mein Ruhepuls liegt bei 48. Ich treibe Sport, damit das so ist, und es ist so, weil ich Sport treibe. Normal ist zwischen 60 und 90. Darauf bin ich stolz, wie ich es als kleiner Junge auf die Große Ehrenurkunde bei den Bundesjugendspielen war.

Ich kann auch jederzeit ein EKG machen mit dieser Uhr. Mache ich aber selten, es macht mich nur nervös. *Wer viel misst, misst viel Mist,* sagt mein Freund M., der Notarzt. Manchmal sitze ich still, auch bei der Arbeit, einfach so zwischendurch, und ich denke, was für ein Wunder ein Herz ist: schlägt normalerweise 100 000 Mal am Tag, pumpt dann 10 000 Liter durch die Gefäße, immerzu, ein ganzes Leben lang, pumpump, pumpump, pumpump. Drei Milliarden Schläge pro Leben im Schnitt.

Kein Mensch macht sich mit 18 Gedanken darüber. Später schon.

Ich treffe alte Freunde.

Einer ist mit Herzstillstand vom Fahrrad gefallen, glücklicherweise auf der Straße genau vor der Praxis eines Kardiologen. Der eilte treppab und rettete ihn. Nun trägt er einen Schrittmacher.

Ein anderer hatte plötzlich das Gefühl, er könne nicht mehr vom Schreibtisch bis zur Tür gehen, das kam ihm komisch vor, zu Recht. Arztbesuch, sofortiger Ruf des Krankenwagens, Untersuchungen. Man bräuchte Bypässe, sagten die Herz-Ärzte, aber wohin damit, es sei alles verstopft? Also neun Stents. Jetzt soll er Aufregung meiden.

Ein weiterer Freund verließ nach einem Abendessen allein unser Haus. Schon auf der Straße ging es ihm nicht gut, aber *wird schon*, dachte er, *wird schon*. Wurde aber nicht. Zu Hause rief er den Notarzt, Verdacht auf Infarkt und so weiter, Krankenhaus. Aber es war kein Infarkt, sondern das sogenannte *Broken-Heart-Syndrom*, bei dem die linke Herzkammer plötzlich nicht mehr normal funktioniert.

Was für ein schöner Name für eine Krankheit! Sie ist die Folge von Stress. Unser Freund hatte gerade die Entfernung eines Hirntumors gut überstanden, Stress ist da gar kein Ausdruck, obwohl nun alles wieder gut war. Ein bisschen schwer ist die Zunge noch beim Sprechen, aber das klingt sogar sympathisch. Übrigens kann das Ereignis auch nach freudigen emotionalen Aufwallungen auftreten, dann heißt es *Happy-Heart-Syndrom*. Macht die Sache aber nicht besser.

Wie sind Sie gestorben?, fragt Petrus an der Himmelstür.

An einem glücklichen Herzen!

Gleichmut hilft.

Ein vierter Freund war es gewohnt, ab und zu den Starnberger See schwimmend zu durchqueren. Eines Tages wurde ihm mittendrin überaus seltsam. Er kam gerade noch zurück. Wenig später pflanzte man ihm eine neue Herzklappe ein: vom Schwein. Damit reiste er in den Fernen Osten, auf eine entlegene Insel. Dort wurde ihm noch seltsamer, er kam mit letzter Kraft zurück nach München. Bakterien hatten die Herzklappe aufgefressen. Er bekam eine neue aus Kunststoff, die hört man, wenn man das Ohr auf seine Brust legt, klackklackklack.

Solche Geschichten höre ich jetzt einmal pro Woche.

Im ärztlichen Bericht meines Kardiologen steht: *positive Familienanamnese (Vater SCD)*. Ist es nicht seltsam, dass *positiv* bei Ärzten etwas Negatives bedeutet? SCD heißt *Sudden Cardiac Death*, plötzlicher Herztod.

Es gibt, wie gesagt, Schlimmeres.

Aber es beschäftigt mich, als wenn es etwas Schlimmes wäre.

Warum?

Ist es die Angst, die Vergangenheit könnte mich einholen, ganz physisch und handfest, indem mein Körper ein familienübliches Ende findet?

Ich habe mich früh von dem Ort entfernt, aus dem ich stamme. Das sagt nichts gegen den Ort, aber viel über mich. Mein Vater war Bankkaufmann, Soldat im Krieg, Beamter. Nie verließ er seine Heimat, außer im

Krieg. Ich war Journalist, Soldat ohne Krieg (und auch das nur anderthalb Jahre, nicht sechs oder sieben wie der Vater), bin Freiberufler. Ich verließ meine Heimat bei der ersten Gelegenheit. Bin Schriftsteller, so was gab es nie in unserer Familie. Als ich mein erstes Buch geschrieben hatte, fragte mein Vater die Mutter, woher der Junge das habe. Sie wusste es nicht.

Bist du verrückt?!, hätte mein Vater gesagt, als ich meine feste Stelle bei der Zeitung kündigte, um Schriftsteller zu sein. Er war ängstlich und sparsam. Mein Umgang mit Geld ist, verglichen mit seinem, nicht anders als verwegen zu nennen. Aber ängstlich bin ich auch, wenn ich kein Geld habe, logisch. Habe ich welches, gebe ich es aus. Dann ist es weg, und ich bin wieder ängstlich, wie der Alte es einst war.

Gebe ich Geld aus, damit ich wieder die gewohnte Angst haben kann?

Und unsere Körper sind sich ähnlich, wie gesagt.

Hätte mein Vater seinen nicht im Krieg abgenutzt und würde er heute leben mit den Ernährungsmöglichkeiten, dem Wissen und der medizinischen Versorgung, er wäre umsichtig wie ich. So könnte man nennen, wie ich mit dem Körper, also *mit mir* umgehe: *umsichtig*, nicht wahr?

Ich stehe auf dem kleinen Friedhof, unter mir die Familiengebeine – oder das, was nach Jahrzehnten noch von ihnen vorhanden sein mag. Mein Körper wird hier nie liegen. Auch jetzt werde ich gleich weg sein. Ob ich mal wiederkomme? Ich weiß nicht. Bayerische Würmer in Münchner Erde werden mich am Ende verzehren, wie es aussieht.

Es regnet. Der Regen fällt auf meine Haare. Ich streiche sie mit den Fingern zur Seite.

Komischerweise liebe ich Regen. Heute Morgen bin ich bei schwerem Regen zur morgendlichen Nordic-Walking-Runde aufgebrochen und nach einer Stunde euphorisiert zurückgekommen. Bei Regen spürt der Körper die Welt.

Ich fühle mich.

Mir ist klar, dass mein Körper hier groß geworden ist, jedoch nun nicht mehr hierhergehört. Aber wenn es stimmt, was wir über die Atome unseres Ichs wissen, könnte es sein, dass irgendwo um mich herum ein paar Bestandteile meines Vaters sind oder meiner Mutter oder eines Onkels. Jeder von uns war vor seinem Dasein in Einzelteilen in der Welt verstreut und wird es wieder sein. Nur zwischendurch manifestieren wir uns für eine kleine Weile als Körper mit einem Leben und einem Bewusstsein.

Es wäre möglich, dass eines fernen Tages etwas von mir auf den kleinen Friedhof herabregnen wird, ein winziges Partikel vielleicht, das zu meinem Gedächtnis gehörte. Und dass es hier auf dieser Erde liegen wird, das wäre dann auch denkbar.

Obwohl ich hier nie wieder sein wollte und meinen Platz in der Welt woanders gefunden habe, finde ich das einen tröstlichen Gedanken.

Literaturverzeichnis

Beckermann, Ansgar *Das Leib-Seele-Problem* utb 2011

Beeh, Kai-Michael *Die atemberaubende Welt der Lunge* Heyne 2018

Benthien, Claudia *Haut* Rowohlt 2001

Blech, Jörg *Leben auf dem Menschen* Fischer Taschenbuch 2015

Böhme, Hartmut; Kordaß, Bernd; Slominski, Beate (Hrsg.) *Das Dentale* Quintessenz Verlag 2016

Böhme, Hartmut und Slominski, Beate (Hrsg.) *Das Orale* Wilhelm Fink 2013

Clair, Jean *Giacomettis Nase* Wagenbach 1998

Corbin, Alain *Pesthauch und Blütenduft* Wagenbach 1984

Feldman Barrett, Lisa *Siebeneinhalb Lektionen über das Gehirn* rororo 2023

Frasnelli, Johannes *Wir riechen besser als wir denken* Molden 2022

Freud, Sigmund *Das Unbehagen in der Kultur* Fischer 1994
Friedell, Egon *Kulturgeschichte der Neuzeit* C. H. Beck 2023
Harris, Annaka *Das Bewusstsein* riva 2020
Herzmanovsky-Orlando, Fritz von *Der Gaulschreck im Rosennetz* Residenz 1983
Le Guérer, Annick *Die Macht der Gerüche* Klett-Cotta 1992
Mann, Thomas *Die Entstehung des Doktor Faustus. Roman eines Romans* Fischer Taschenbuch 2012
Morris, David B. *Geschichte des Schmerzes* Suhrkamp 1996
Mühlebach, Adrian *Der Körper, der ich bin* Hogrefe 2023
Noë, Alva *Du bist nicht dein Gehirn* Piper 2010
Onfray, Michel *Der sinnliche Philosoph* Campus 1992
Onfray, Michel *Der Bauch des Philosophen* Campus 1991
Provine, Robert R. *Ein seltsames Wesen* Rowohlt 2014
Roth, Philip *Portnoys Beschwerden* rororo 1974
Sommer, Frank und Bertram, Oliver *Das Men's Health Penis-Buch* Südwest 2018
Staguhn, Gerhard *Der Penis-Komplex* Zu Klampen 2017
Steiner, Uwe C. *Ohrenrausch und Götterstimmen* Wilhelm Fink 2012

Dank

Ein guter Bekannter, der das Manuskript dieses Buches lange vor der Veröffentlichung las, sagte danach, es entstehe der Eindruck, ich sei mit vielen Ärzten geradezu befreundet. Das ist insofern richtig, als mich die meisten hier erwähnten Mediziner seit Jahrzehnten betreuen und ich zu ihnen ein ausgesprochen gutes Verhältnis pflege. Ich habe immer das Gefühl, sie freuten sich, mich zu sehen, und ich bin froh, sie zu haben.

Ganz sicher bin ich jemand, der öfter zum Arzt geht als andere, anders hätte ich dieses Buch nicht schreiben können. Und in all den Jahrzehnten habe ich zu den Leuten, die sich um mich kümmern, eine Art guter Bekanntschaft aufgebaut. Ich bin einfach ein anhänglicher Mensch. Wo ich einen guten Kontakt nicht fand, bin ich eine Praxis weitergezogen.

Was dabei auch helfen mag, ist die Tatsache, dass ich seit Jahrzehnten privat versichert bin. Ich habe das nicht selten als Fehler gesehen, denn es kostet mich in jedem Monat einen Riesenbatzen Geld. Aber ein Versicherungsvertreter hat mich in jungen Jahren zu diesem Schritt überredet, und nun genieße ich einige vorteilhafte Folgen dieses Schrittes. Ich bin in mancher Hinsicht privilegiert, auch weil mich viele Ärzte als Autor kennen. Das kann ich nicht ändern. Ich will es nicht mal.

Deshalb also hier mein Dank an alle Ärzte, Therapeuten, Körper- und Seelenkundler, die seit langer Zeit mit Erfolg um mich und meine teils begründeten, teils unbegründeten Sorgen bemüht sind. Ich habe ihre Namen nicht genannt, sogar ihre Initialen verändert und mir bei Zitaten als Autor auch die eine oder andere Freiheit genommen.

Ad multos annos!

Mein Kardiologe hat mir erzählt, er habe in seiner Praxis einige Männer erlebt, denen ihre Frauen das Leben gerettet hätten, weil sie die Unwilligen unnachsichtig zu ihm geschickt hätten. Das gilt wohl auch für mich. Einige Arztbesuche hätte ich ohne Ursula, meine Frau, gescheut, gerade die wichtigeren. Also danke ich ihr von Herzen (und das ist gewiss nicht nur kardiologisch gemeint) nicht nur für ihre Besorgnis um mich, sondern auch für die Gespräche über mein Manuskript. Es gäbe das Buch nicht ohne sie. Gäbe es mich ohne sie? Wer weiß …

Mein alter Schulfreund Marcus Wyrwol, der als großartiger Arzt in Jahrzehnten viele Menschenleben gerettet hat, hat mich bei diesem Buch aus medizinischer Sicht beraten. Dafür danke ich ihm herzlich. Ich danke auch, wie schon oft, Stefan Postpischil für seinen kritisch-wohlwollenden Blick auf den Text. Meinem alten Freund Andreas Lebert danke ich für die Lektüre und für den Mut, den er mir immer gemacht hat und hoffentlich weiter machen wird.

Und ich danke Marcel Hartges, meinem Freund und Agenten, und Sabine Cramer, meiner Verlegerin.

Ad multos libros!

Liebe Leserin, lieber Leser,

in regelmäßigen Abständen (einmal im Monat) melde ich mich bei allen, die daran Interesse haben, mit meinem Newsletter *Brief aus dem Büro*: Notizen, Reflexionen, Erwägungen, Grübeleien und was es sonst noch Lustiges aus dem Arbeitszimmer eines Schriftstellers mitzuteilen gibt, dazu auch Informationen über neue Bücher, Lesungen, Kolumnen, Artikel. Auf www.axelhacke.de können Sie den *Brief aus dem Büro* kostenlos abonnieren. Tragen Sie sich ein, um auf dem Laufenden zu bleiben!

Ihr Axel Hacke